JN040010

学力テスト改革を読み解く！

確かな学力を保障する

パフォーマンス評価

編著 西岡 加名恵・石井 英真

明治図書

まえがき

　学力テストは，従来，教育の効果を確かめるために行われてきました。しかし，2004年の「PISAショック」を経て導入された全国学力・学習状況調査に見られるように，現在では新しい目標像を示す手段としても用いられています。2021年の大学入学共通テスト導入に代表される大学入試改革の背後にも，評価方法を改革することによって，高等学校と大学の教育改革を推進しようとする意図が見受けられます。

　学力テストについては，ややもすれば点数や順位のみが注目されがちです。入学試験で用いられたり，学校の説明責任を果たしたりする場面で使われる際には，特にハイステイクスなもの（関係者にとって利害関係が大きいもの）となります。重要なテストであればあるほど，少しでも点数を上げたいという願いから，目先の対策に追われてしまいがちです。また，学力テストの実施にあたっては，採点の信頼性に注目が集まります。

　しかしながら，現在の学力評価研究の到達点を踏まえれば，学力テストで測れる学力は限定的なものだということも確認しておく必要があるでしょう。評価研究においては，学力テストのように特別な状況で測られる力だけでなく，知識やスキル（技能）をリアルな状況で使いこなす力の発揮を求めるようなパフォーマンス評価の重要性が指摘されています。そこで，学力テストと向き合う際には，採点の信頼性だけでなく，そもそも評価されている学力の妥当性を見極める視点が欠かせないでしょう。

　本書は，パフォーマンス評価の視点から，学力テストで測られている学力の構造とはどのようなものかを明確にし，そこから授業改善への示唆を得ることを目指しています。第1章では，学力テストを読み解くための理論的枠組みを整理しています。学力テストに過度に振り回されず，うまく活用する

（「飼いならす」）ために必要となる知見や，高大接続改革の経緯，様々な大規模学力調査の意図や特徴，学力テストの結果を見るための4つの視角，単元設計と授業づくりの基本的な考え方を解説しています。

　第2章では，5つの教科において実施されている学力テストを分析し，それらを手掛かりとしつつ，既存の実践例を再評価して授業改善の在り方を提案しています。具体的なテストとしては，PISA，TIMSS，全国学力・学習状況調査，大学入学共通テストなどを分析しています。なお，大学入学共通テストについては，執筆の時点（2020年）では試行調査を主な分析対象としましたが，校正の段階（2021年1月）で2021年1月16日・17日に実施された第1回の内容を検討した記述も加えています。

　この本に先立つ2冊『「資質・能力」を育てるパフォーマンス評価』（2016年），『Q&Aでよくわかる！　「見方・考え方」を育てるパフォーマンス評価』（2018年）では，パフォーマンス評価の方法の中でも，主にパフォーマンス課題（複数の知識やスキルを総合して使いこなすことを求めるような複雑な課題）に焦点を合わせていました。しかし，パフォーマンス課題に取り組むためには，使いこなすべき重要な知識（転移可能な概念）やスキル（複雑なプロセス）を身につけることも重要です。概念の理解やプロセスを使いこなす力を発揮させるような，広義のパフォーマンス評価の方法（自由記述問題や実技テストなど）を授業に位置づけるという発想は，授業改善を図る上での一つの視点となることでしょう。

　近年の学力テスト改革を読み解くことで，子どもたちに保障すべき重要な概念やプロセスを明確にし，学力テストで測れる力にとどまらない「確かな学力」を育てる一助となることを願っています。

　2021年3月

　　　　　　　　　　　　　　　　　　　　　　　　西岡　加名恵

3

CONTENTS

第2章　各教科におけるテスト分析と パフォーマンス評価を活かした授業デザイン

第 *1* 章

「学力テスト」と
どう向き合うか
—学力テストを読み解く理論的枠組み—

1 学力調査を飼いならすための評価リテラシー

POINT

✓日本において，全国学力・学習状況調査は，実質的には，学習指導要領の学力観の趣旨を直接的に伝達・徹底する機能を果たしてきた。

✓本来政策評価として設計されるべき全国学力・学習状況調査を，現場レベルで指導の改善に活かす目的で使うことには注意が必要である。

✓学力調査を現場の実践に活かす上では，その結果を直接活かすことよりも，学力・学習の質的レベルをレンズにしながら，背景にある学力観を読み解き，調査問題に込められた評価課題作成の工夫を学ぶことが有効である。

1 学力調査の時代―その展開と背景と論争点―

① 日本における学力向上政策の展開

　学力調査の時代ともいわれる現代，本節では，教育現場において学力調査を飼いならすのに必要な知（評価リテラシー）を示します。まず，学力調査をめぐる議論の要点を確認しながら，特に日本の教育政策において学力テストはどのような役割を果たしており，問題点や注意が必要な点を整理します。その上で，学力調査の危うさを自覚した上で，学力調査の背後にある学力観を読み解き，現場の主体的な評価実践につなげていく道筋を示します。

　3で詳しく解説しますが，まず，日本における学力テスト政策の展開を素描しておきましょう。1999年，大学生の学力問題から始まった学力低下論争は，「ゆとり教育」を標榜する従来の教育課程政策の是非を問い，さらに，

OECD の PISA2003で，読解力の順位が８位から14位に下がったことは，教育界に「PISA ショック」をもたらしました。政策は「学力向上」路線へと転換し，2008年には小・中学校の学習指導要領が改訂され，知識・技能の習得と，PISA 型学力を意識した「活用する力」を車の両輪として重視することが示されました（「確かな学力」観）。

こうした動きの中で，2007年４月に全国学力・学習状況調査（以下，全国学テ）は始まりました。「知識」を問うＡ問題と「活用」を問うＢ問題で構成されていた点が特徴的であり，Ｂ問題は PISA を意識したものとなっていました。また，全国学テの実施は，教育制度の構造改革とも密接に関わっていました。規制緩和により現場の創意工夫を促す一方で学力テストを実施するなどして，学校教育の質保証（PDCA サイクル）を確立するわけです。

② 学力テスト政策の世界的展開

学力調査（学力テスト）に対しては，歴史的にも，国際的にも，それが，子どもたち，教師，学校の管理や競争の道具となるとの批判が繰り返されてきました。昨今の日本の学力向上政策に対しても，「新自由主義」教育改革，「学力テスト体制」などという言葉で，批判がなされています[1]。すなわち，テスト学力とテスト準備教育を重視する傾向をもたらし，教育における競争主義と成果主義（結果至上主義）を強化するというわけです。

現代日本の学力テスト政策は，英米を中心に世界的に展開している「スタンダードに基づく教育改革（standards-based reform）」の一つの形と見ることができます。たとえば米国では，「どの子も置き去りにしない（No Child Left Behind：NCLB）」法により，州統一の学力テストの結果を，学区や学校への予算配分，教職員の処遇，保護者による学校選択と結び付ける事態が全米規模で展開しました。こうして，学力テストが子どもや学校にとって大きな利害のからむ「ハイ・ステイクス」なテストとしての性格を強めるに伴って，テスト結果を上げることが至上命題となり，学校間競争が激化し，授業がテスト準備に矮小化されたり，教育困難校や低学力の子どもたちの切り捨

てが進行したりしました[2]。

　今世界各国で,「21世紀型スキル」「総合型学力」「コンピテンシー」など,21世紀の社会で求められる包括的かつ汎用的な学力観が打ち出され,それを系統立てて育てるべく,カリキュラム改革と評価改革がセットで進行しています。一方で,学力テストの活用の仕方については,さまざまな形があります。米国のように,テスト結果による制裁が規定されていて,結果に基づいて教師や学校が厳しく値踏みされる国もあれば,オーストラリアのように,結果は公表しても支援的な介入を重視している国もあれば,イタリアのように,悉皆調査を行いつつ全国的な学力水準を確認するためにサンプルを抽出・分析し,あとは学校の自己評価に役立てさせる国もあれば,スウェーデンのように,学校間の評価の質の調整や学力観の共有に役立て,教師の自主的な活用を尊重している国もあります。学力テストを活用する方法は,選抜か説明責任か教育改善かという諸目的のどれを重視するかによって,様々な形が考えられるのです[3]。

③ 学力テスト政策の日本的特質

　では,日本の教育改革において学力テストはどのような役割を担っているのでしょうか。それは教育現場に何をもたらしているのでしょうか。全国学テが実施され,都道府県別の結果が公表されたことによって,日本の「学力地図」が明らかになり,都道府県レベルでの競争は過熱しています。そして,各都道府県で学力水準の向上が重視されるようになり,全国学テに対応する学力向上策が実行されるようになりました。ただし,こうした全国学テの都道府県の教育政策への影響には濃淡が見られます[4]。

　全国学テ実施前から,地方自治体レベルでも多くの悉皆の学力テストが実施されてきました。しかし,一部の自治体を除けば,保護者や地域住民などへの,市町村別,学校別のテスト結果の公表は限定的です。また,学力テストの結果については,間接的な影響は大きいにしても,それを学校選択,あるいは,個々の学校や教職員への処遇と直接的に結びつけている自治体はほ

とんどありません。結果の公表が認められる中、競争主義や成果主義を強化する方向で学力テストの利用が広まることには注意が必要です。ただ、英米と比べれば、現時点で日本の学力テストは必ずしもハイ・ステイクスなものとはなっていません。日本においてハイ・ステイクスで競争主義を招いているのは、②で詳しく述べる入試です。米国の NCLB 法などの事例を持ち出しながら日本の学力テスト政策の問題点を指摘する論調がありますが、それは日本に固有のより実質的な問題点に迫ることができていないように思います。

　むしろ日本において、全国学テは、実質的には、学習指導要領の学力観の趣旨を直接的に伝達・徹底する機能を果たしてきました。テスト準備教育といっても、知識・技能の習得のみならず、知識・技能を活用する力にも強調点が置かれています。それは、考える活動を重視する授業を促す一方で、思考力・判断力・表現力の育成が、「活用」という型をなぞる学習に矮小化され、形式化される危険性もはらんでおり、教室の実践への管理的なプレッシャーにもつながっています(5)。また、学力向上の手立てが授業改善に一元化されることで、教科外活動などを通した学級づくりや学校の共同性を、学力向上とかかわりのないものとして軽視する傾向も生まれたように思います。

　さらに、実施された学力テストについて、自治体や学校は、結果の分析とそれに基づく改善というアクションを取ることが求められます。こうして、「PDCA サイクル」という言葉と形式は、学校経営はもちろん、授業づくりのレベルにまで浸透しています。以上のように、日本において学力テストは、英米ほどには、教育の結果を厳格に管理・統制するものとはなっていない一方で、教育の目標・内容、および、教育実践の方法を、特定のあり方へとより直接的に枠づけるものとして機能していると言えます。

2 学力テストとうまく付き合うために知っておくべきこと

① 評価リテラシーの必要性

　全国学テをはじめ、さまざまな学力調査の結果に一喜一憂したり、その活

用を重視する政策を無批判に受容することは危うさがありますが,「学力テスト・評価アレルギー」もまた問題です。学力調査の時代において必要なのは,調査結果を冷静に読み解き,教育における公正を追求する道具として活用するための,専門的知見の蓄積と教育関係者の「評価リテラシー」の育成です。学力評価,教員評価,学校評価などの一連の評価政策が教育実践にもたらしている混乱は,教育関係者の「評価リテラシー」の未成熟にも一因があるように思います[6]。心理測定論や社会調査論の蓄積に学びながらも,教育の条理に即した評価研究を進めることが重要です。

　本書の第1章で示される知見は,学力調査の結果の解釈と活用に関して,それを教育の効果的な改善につなげていくための知見（教育学的観点からの評価リテラシー）として読むことができます[7]。**2**,**3**で示す,高大接続改革や国内外の学力調査の基本的性格についての知は,その基盤をなすものです。**4**で詳述する学力調査の結果を読み解く4つの視点は,学力調査の結果の解釈に関わる知です。また,**5**,および第2章の各教科に即した論考は,調査問題が体現している学力観をどう読み解き,どう単元設計や授業改善につなげていけばよいのかを示しています。さらに,全国学テについては,それに振り回されないために,以下のような,学力調査の目的や基本的性格に関わる知を理解しておくことが有効です。

② PISAと全国学テの「理念提示型調査」としての性格

　PISAにしても,全国学テにしても,改革や取り組みの成果（事実）を検証する役割以上に,目指す能力像（理念）を提示し,改革を先導・牽引する役割を果たしている点が重要です。そもそもPISAは,学校で意図的に指導した学習成果（taught outcome）を調査する「学力」調査では必ずしもなく,学校の学習や学校外での生活に関わらず,生徒が学びえた能力一般（learned outcome）を調査する「能力」調査として設計されていました。それゆえ,そもそもPISAの結果は,学校カリキュラムの改善だけではなく,学習者の学校内外での学習・生活環境全体の再検討とリデザインのための手

がかりとすべきものなのです。

　PISA の理念提示型調査としての性格は，日本の学力論議において，PISA が大きなインパクトをもちえた理由とも関係しています。2000年前後の学力低下論争では，学力低下の事実（テストスコア）が主な争点となり，学力の中身に関する議論は欠落しがちでした。他方，教育研究者の学力論は理念論のみに陥りがちで，それを具体化したり検証したりする道筋は十分に示されてはいませんでした。目標（価値）論なき実証志向の評価論でもなく，評価論なき理念論としての学力論でもなく，教育目標論と教育評価論とを一体のものとして提起した点に，PISA の特徴があります。

　そして近年，PISA は，非認知的能力も含むキー・コンピテンシーそのものの評価を目指して，より包括的な能力を対象化すべく，能力調査としての側面を強めています。より直接的には，それぞれのリテラシーの定義において，学習者の主体的関与（engagement）といった動機づけ的な側面が強調されるとともに，創造的でインタラクティブな能力を測定すべく，筆記型から ICT を活用した調査への移行も追求されている点などに，こうした傾向を見て取ることができます[(8)]。

③ 学力調査の目的の混乱が招く問題

　しかし，学力調査が，改革を先導・牽引する理念提示型調査として機能している状況は，次のような限界があります。まず，大規模調査の制約ゆえに，PISA も全国学テもペーパーテストがベースであり，ICT などの技術革新により，相互作用的な調査が可能になったとしても，目指す能力像のすべては示し得ません。実際，2017年改訂の学習指導要領作成時の議論においては，PISA（認知的能力中心）は現代社会で求められるキー・コンピテンシー（他者と対話し協働する力や自律的に学び続けていく力などの非認知的能力も含む）の一部を評価しているにすぎないとして，非認知的能力も含む汎用的スキルや「資質・能力」を重視する方向性が打ち出されました。

　また，理念提示型調査は，理念を具体化する教育課程や教育条件の設計と

結びつかない場合，調査主体は理念を提示するのみで，その実現の責任を現場に負わせることになりかねません。全国学テや教育課程実施状況調査など，国が行う学力調査については，教育現場が主体となって行うべき指導改善という目的に解消されない，カリキュラム評価・政策評価という，大規模調査だからこそ可能な目的が第一義的に追求される必要があります[9]。しかし，現行の全国学テについては，**3**でも示すように多様な目的が混在しており，第一に考慮されるべきカリキュラム評価・政策評価のための調査として設計されているとは言い難い状況です。それどころか，指導改善に活かすことや現場レベルでのPDCAサイクルの強調により，行政レベルでの責任を問うことには結びつかず，現場に主体的な自助努力を強いる傾向にあります。教室や学校レベルで学習者個々人の学習状況の把握を目指す心理「検査」論や教育評価論と，制度レベルで社会集団の傾向や国全体の実態の把握を目指す社会「調査」論や政策評価論とは，同じく「測定」や「評価」という言葉で語られても，区別して議論すべきものでしょう。

　第一義的な目的を空洞化させたままの全国規模の学力調査の実施は，実施した結果に引きずられる形で，目的が逆規定されます。都道府県間の差が縮まっていることも手伝って，対策や現場へのプレッシャーによって順位の変動を起こしやすい状況は，都道府県間の「学力向上」競争の激化，テスト結果を上げることの自己目的化と，実質的な教育改善や学力保障という理念の空洞化を引き起こすことが危惧されます。

　なお，そもそも教育活動や学力形成の結果は，水準が上がったか下がったかで議論されるべきものなのでしょうか。人権事項としてすべての子どもたちに一定の内容や能力が保障されたかどうかという形で学力が議論される必要があるのではないでしょうか。2000年前後の学力低下論争以降，「学力向上」にしても「学力格差」にしても，学力テストのスコアをもとに，相対的な量的差異や程度の問題として学力問題が語られています（学力向上のレトリック）。一方で，内容の未習得や低学力（落ちこぼし）に対して，すべての子どもたちに保障されるべき絶対的・普遍的な内容・基準，つまり学力や

教育課程の中身を問う視点（学力保障のレトリック）は弱くなっています。「資質・能力」ベースのカリキュラム改革のように，内容（実体）ではなく，能力（機能）から教育課程を編成しようとする動きは，そうした傾向を強めかねません。

　カリキュラム評価・政策評価としての学力調査であれば，必ずしも悉皆調査である必要はなく，悉皆調査で行うにしても，採点や子どもたちへのフィードバックは各学校にゆだね，国は一部を抽出して分析を行う形も考えられます。さらに言えば，カリキュラム評価・政策評価という目的を意識するのであれば，学習指導要領改訂のプロセスや政策決定過程のデザインと一体のものとして，学力調査のあり方が議論される必要があるでしょう。評価は目標と一体です。学力調査が是か非かという二項対立の議論を超えて，今こそ，学力調査を教育政策・教育実践の改善と学力保障の道具として設計していくことが求められます。

3 調査問題を実践において活かすために

① 学力テストを指導の改善に活かすという発想の落とし穴

　以上のように，本来政策評価として設計されるべき全国学テを，現場レベルで指導の改善に活かす目的で使うことには注意が必要です。全国学テは実施と結果のフィードバックとの間に時間差があり，また，指導したことに対する学習状況の確認としても，それぞれの教室や子どものローカルな状況に応じたものではないために，特に調査結果については，授業や学習の改善に活かすことは難しいと言えます。

　そもそも，個々人との相互作用による「実践」を対象にした判断か，教育システム全体の「構造」を対象にした判断かによって，また，意志決定にかけられる時間の長さによって，判断において主に依拠すべき根拠の種類や，量的で実証的な知見の役割の違いが生じます。制度の枠組みを決めるマクロな政策レベルに近いほど，学力調査の結果など，量的で実証的な知が意思決

定において重要性をもちます。他方，子どもと向き合う教室レベルに近いほど，一瞬一瞬の状況判断や子どもへの応答など，より質的で臨床的な知の果たす役割が相対的に大きくなるのです。

② 学力・学習の質というレンズで調査問題を読み解く

　学力調査を現場の実践に活かす上では，その結果を活かすというよりも，その背景にある学力観を読み解き，また，調査問題に込められた評価課題作成の工夫から学ぶことが一つの有効な手立てです。評価方法を選んだり作成したりする際には，妥当性（測りたいものが的確に測れているかどうか）と信頼性（繰り返し測定しても結果が安定しているかどうか）の両面を考える必要があります。評価といえば，客観性・信頼性が第一に考えられがちですが，そもそも測りたいもの（目標）が測れているかを問うことは不可欠です。また，総括的評価，特に評定や成績づけが主目的でなく，形成的評価として，指導改善に活かす上では，妥当性が優先されるべきでしょう。さらに，評価のもつ学習へのメッセージ性を考慮すれば（実際に測れているかどうかは別にして），見るからに何を測っていそうか，評価課題によって表現される学力観も考慮する必要があります。

　この評価課題の妥当性を検討する上で，学力・学習の質的レベルに注目することが有効です。ある教科内容に関する学びの深さ（学力・学習の質）は，図１－１のように３つのレベルで捉えることができます。個別の知識・技能の習得状況を問う「知

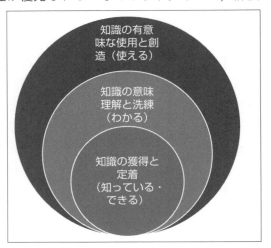

図１－１　学力・学習の質的レベル
（石井英真『授業づくりの深め方─「よい授業」をデザインするための５つのツボ』ミネルヴァ書房，2020年，p.41より抜粋）

っている・できる」レベルの課題（例：穴埋め問題で「母集団」「標本平均」などの用語を答える）が解けるからといって，概念の意味理解を問う「わかる」レベルの課題（例：「ある食品会社で製造したお菓子の品質」などの調査場面が示され，全数調査と標本調査のどちらが適当かを判断し，その理由を答える）が解けるとは限りません。さらに，「わかる」レベルの課題が解けるからといって，「真正の学習」の中で知識・技能の総合的な活用力を問う「使える」レベルの課題（例：広島市の軽自動車台数を推定する調査計画を立てる）が解けるとは限りません。そして，「使える」レベルの円の中に「わかる」レベルや「知っている・できる」レベルの円も包摂されているという図の位置関係は，知識を使う活動を通して，知識の意味の学び直しや定着（機能的習熟）も促されることを示唆しています。

　三層で学力・学習の質を捉える発想は，目標分類学に関する研究の蓄積をもとにしています[10]。「タキソノミー（taxonomy）」（分類学）というタームを教育研究に導入したのは，シカゴ大学のブルーム（B. S. Bloom）らです。ブルームらは，教育目標，特に，「○○を理解している」といった動詞部分を分類し明確に叙述するための枠組みを開発し，それを「教育目標の分類学（taxonomy of educational objectives）」と名づけました。このブルームらによる教育目標の分類学は，一般に「ブルーム・タキソノミー」と呼ばれます。ブルーム・タキソノミーは，認知目標だけでなく情意目標についても，目標や学習成果を語る共通言語を提供するもので，各カテゴリーごとに，教育目標の例とその目標に対応するテスト項目の例とが紹介されています。たとえば，認知領域は，「知識」「理解」「適用」「分析」「総合」「評価」の６つの主要カテゴリーによって構成されています。しかし，大きくは，「知識」（事実的知識の記憶）／「理解」（概念的知識の理解），「適用」（手続的知識の適用）／「分析」「総合」「評価」（さまざまな知識を状況に応じて組み合わせる高次の問題解決）として捉えることができます。評価課題における具体的な問いかけ方などを工夫する際には，表１−１のような，目標分類学の下位カテゴリー（思考の類型）を参照にすることもできるでしょう。こうしたレ

表1−1 思考の類型と問い方の工夫

理解する ——	授業で伝達された内容（口頭で説明されたものも，書かれたものも，文章だけでなく図表も含む）から意味を構成する。
解釈すること	ある表現形式（例：文章や数式）を別の形式（例：絵や図）に変えること。（例：この文章で書かれた問題場面をわかりやすく図や絵で表現しなさい）
例示すること	ある概念や原理の例を挙げること。（例：様々な美術の描画様式の例を示せ）
分類すること	ある物事があるカテゴリー（例：概念や原理）に属するかどうかを決めること。（例：示された植物の種類を分類せよ）
要約すること	テクストや映像から主題や主な点を抽出すること。（例：ビデオで描かれた出来事の短い要約を書け）
推論・予測すること	提示された情報から論理的結論を導出すること。（例：示された表とグラフから読み取れる変化のパターンを推定せよ）
比較すること	二つの物事や考え方の間の対応関係を発見すること。（例：大日本帝国憲法と日本国憲法を比較せよ）
説明すること	あるシステムの因果関係モデルを構成すること。（例：世界恐慌の原因を説明せよ）
分析する ——	事象やテクスト等を構成要素に分解し，部分同士がお互いにどのように関係しているか，部分が全体構造や目的とどう関係しているかを明らかにする。
識別すること	提示された素材について，関連する部分とそうでない部分，重要な部分とそうでない部分とを区別すること。（例：数学の文章題において関連する数字とそうでない数字とを識別せよ）
組織化・構造化すること	ある構造の中で要素がどのように適合し機能しているのかを決定すること。（例：論説文に示されているそれぞれの図表が論証上どのような位置づけにあるか明らかにし，その図表が必要かどうか，あるいは，他に必要だと考えられる図表を示せ）
前提を問うこと	提示された素材の背後にある視点，偏見，価値，意図を決定すること。（例：貧困問題について，論文の筆者の立場を同定せよ）

(L. W. Anderson and D. R. Krathwohl（eds.）, *A Taxonomy for Learning, Teaching, and Assessing: a revision of Bloom's taxonomy of educational objectives*, Addison Wesley Longman, 2001で示されている目標分類学（「改訂版タキソノミー（Revised Bloom's Taxonomy）」）から「わかる」レベルに対応する思考の類型のみ抜粋した。カテゴリーの定義や例の一部は筆者が修正した。)

ンズを手掛かりにしながら，何を目指しどんな子どもを育てたいのか，ゴールとなる学習成果を捉える目を磨くことが重要なのです。

【注】

（1）佐貫浩・世取山洋介編『新自由主義教育改革』大月書店，2008年。

（2）石井英真『再増補版・現代アメリカにおける学力形成論の展開——スタンダードに基づくカリキュラムの設計』東信堂，2020年の補論などを参照。

（3）田中耕治編『グローバル化時代の教育評価改革——日本・アジア・欧米を結ぶ』日本標準，2016年。

（4）志水宏吉・高田一宏編著『学力政策の比較社会学・国内編——全国学力テストは都道府県に何をもたらしたか』明石書店，2012年。

（5）石井英真『今求められる学力と学びとは——コンピテンシー・ベースのカリキュラムの光と影』日本標準，2015年を参照。

（6）木村拓也氏は，日本において学力調査を担う「テスト専門家」が，「教科の専門家」と「教育心理学者（教育評価論者）」を軸に構成されており，科学的に厳密な方法論に基づいた調査を行うのに必要な専門家（「教育測定（テスト理論）の専門家」「サンプリングの専門家」「情報処理の専門家」）を欠いた状況であることを指摘している（木村拓也「戦後日本において『テスト専門家』とは一体誰であったのか？」『教育情報学研究』第4号，2006年）。

（7）石井英真「学力調査の時代を読み解く評価リテラシー」『教育方法の探究』第22号，2019年。テスト理論や測定論の観点からの評価リテラシーの内実を考える上では，日本テスト学会編『テスト・スタンダード』金子書房，2007年，日本テスト学会編『見直そう，テストを支える基本の技術と教育』金子書房，2010年，光永悠彦『テストは何を測るのか』ナカニシヤ出版，2017年などが参考になる。

（8）国立教育政策研究所編『生きるための知識と技能5 − OECD 生徒の学習到達度調査（PISA）2012年調査国際結果報告書』明石書店，2013年などを参照。

（9）川口俊明氏も，「指導のためのテスト」と「政策のためのテスト」とを区別し，学力テストではなく，社会調査としての学力調査として全国学テを再設計していく必要性を説いている（川口俊明『全国学力テストはなぜ失敗したのか』岩波書店，2020年）。

（10）ブルーム・タキソノミー，および，その改訂を試みた様々な目標分類学の枠組みについては，石井，前掲書，2020年を参照。

（石井　英真）

2 高大接続改革の到達点と今後の課題

POINT

- ◇高大接続改革では，主体的に問題解決する力などを保障するため，「学力の3要素」を多面的・総合的に評価することが目指された。
- ◇「大学全入時代」においては，高等学校と大学において学力水準を確保することや学習の意義を実感させることが課題となっている。
- ◇大学入試において，パフォーマンス課題やポートフォリオ評価法を活用するような新たな仕組みの構築が求められている。

1 高大接続改革の構想

　大規模な学力テストは，学力調査として行われる場合と，入試として行われる場合があります。ここでは大学入試について検討してみましょう。

　2017・2018年学習指導要領改訂の一つの特徴は，高大接続改革と並行して議論された点にあります。一連の高大接続改革については，中央教育審議会や教育再生実行会議，高大接続システム改革会議などで議論が重ねられて，構想が練られました[(1)]。

　その一つの到達点である高大接続システム改革会議「最終報告」（2016年3月。以下，「最終報告」）では，高等学校教育，大学教育，大学入学者選抜の三者を一体的に改革するというビジョンが示されました。大学入試に関しては，「①知識・技能」「②思考力・判断力・表現力」「③主体性を持って多様な人々と協働して学ぶ態度」という「学力の3要素」を，多彩な方法で評価することが目指されました（図1-2）。

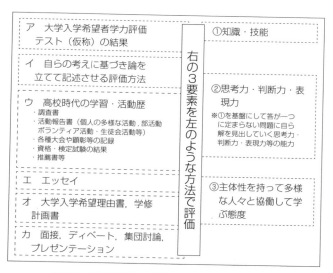

図1－2 「学力の3要素」と評価方法の対応
（高大接続システム改革会議「最終報告」2016年の別添資料より）

　これを受けて，大学入試センター試験から大学入学共通テスト（以下，共通テスト）への転換，JAPAN e-Portfolio の導入，総合型選抜（旧 AO 入試）や学校推薦型選抜（旧推薦入試）における学力評価の必須化[2]とともに，各大学が実施する個別入学者選抜の改革などが推進されることとなりました。

　ところが新制度の入試が近づくにつれ，大学入試改革に対する批判が噴出しました。共通テストについては英語の4技能を評価するための「英語民間試験」の活用が計画されましたが，受験機会の地域格差や受験生の費用負担などが問題視され，見送られました（2019年11月）。続いて，採点の信頼性などが問題視され，共通テストの国語・数学における記述式問題の実施が見送られました（2019年12月）。さらに，「主体性を持って多様な人々と協働して学ぶ態度」を評価するための一つのツールとして導入が目指されていたJAPAN e-Portfolio についても，債務超過が見込まれたことにより，2020年8月に認可が取り消されるに至っています。2019年12月には，「大学入試の

あり方に関する検討会議」が設置され，2021年1月現在も議論が継続しています。

このように入試改革の構想の一部については先行きが不透明ですが，ここでは今回の高大接続改革が目指していた全体像に注目し，その到達点と今後の課題について考えてみましょう[3]。

2 高大接続改革の背景

一連の高大接続改革が推進された背景には，いわゆる「大学全入時代」に突入したという状況があります。志願者数と入学者数の差は年々縮まっており[4]，近年では「エリート選抜」と「マス選抜」の二重構造[5]と言われるような状況が維持されています。

大学入試の種別に注目すると，AO入試，推薦入試を経由した入学者が大きく増加し，入試方法が多様化しています。2019年度入試において一般入試を経由した入学者は，53.0％にとどまっています[6]。図1－3は，センター試験の利用状況に照らした募集人員を示しています。国公私立合計の募集人員のうち，一般入試でセンター試験と個別入試を併用しているのは，今や18.5％に過ぎません。さらに，大学入試で求められる教科数は，必ずしも多くはありません。一般入試であっても，2科目以下で入試を行っている大学がかなりの数にのぼっています。

こうした状況において，大学入試が高校生の学習への動機づけとなる範囲は限定的であることがうかがわれます。「最終報告」に添付された参考資料では，「平日，学校の授業時間以外に全くまたはほとんど勉強していない者は，高校3年生の約4割」を占めること，「高校生の学校外の平均学習時間については，中上位層には大幅な減少からの改善傾向が見られるものの，下位層は低い水準で推移している」ことが紹介されています。また，「米中韓の生徒に比べ，日本の生徒は，『自分を価値ある人間だ』という自尊心をもっている割合が半分以下，『自らの参加により社会現象が変えられるかもし

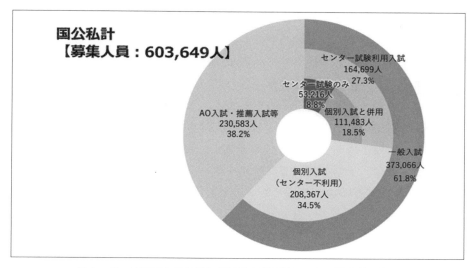

図1−3　2019年度入試における大学入試センター試験利用状況
（「大学入試のあり方に関する検討会議」第16回，2020年10月，参考資料より）

れない』という意識も低い」というデータも示されています。なお，大学入試が高校生の学習行動に与える影響が限定的であることは，山村滋氏らが実施した調査でも明らかにされています[7]。

　「最終報告」の参考資料では，大学入学者の学力が不足していることを示唆する調査結果[8]も紹介されています。大学の学科長に対する調査では，「義務教育（中学校）までで身につけるべき教科・科目の知識・理解が不足している学生」が「半分以上」いると回答したのは18.1%，「3割くらい」と回答したのは28.7%です。「文章を書く基本的なスキルが身についていない学生」が「半分以上」いると回答したのは37.2%，「3割ぐらい」と回答したのは39.8%でした。4年制大学に進学予定の3年生の学力・学習の状況について高校の校長に尋ねた結果でも，同様か，さらに深刻な状況認識が示されています。実際に，「378大学（全体の51%）」が，「高等学校段階の教育内容を扱う補習授業を実施」しています。

なお，学校から大学，大学から社会へのトランジションを研究している溝上慎一氏らの調査では，大学の学修や就職活動において成功するためには，2つのライフ，すなわち長期的な見通しを持つことと，具体的な行動を理解し実行することが重要であると指摘されています。高校2年生の秋のキャリア意識（2つのライフを意識していること）と大学1年生の秋のキャリア意識はかなり関連していること[9]，さらに大学1年生でキャリア意識の弱い者は，そのまま3，4年生になる確率が高いこと[10]も明らかになっています。そうだとすれば，大学で充実した学修を進めるためには，高校2年生までに，「自分は，将来，どのように生きたいのか」「そのために今，何を学ぶのか」といった見通しをもつ力を育てることが重要だと言えるでしょう。

　以上を踏まえると，現在，最も重要なのは，高等学校における学力水準と学習意欲の向上であると考えられます。その際，同時に，学力そのもの（学力構造）の捉え直しも必要です[11]。大学入試によって高等学校の教育改善を図ろうとするのではなく，まずは高等学校で高校生たち自身が学ぶ意義を感じ，豊かな学力を身につけるような教育を保障する，さらにそのことを推進するような大学入試を設計することが重要だと考えられます。

　そもそも「大学入試の三原則」を提唱した佐々木亨氏は，「能力・適性の原則」「公正・妥当の原則」とともに，「高校教育尊重の原則」を指摘していました[12]。また田中耕治氏も，「入学試験を『接続』を架橋する『資格試験』として展望する」ための条件の第一に，「下級学校の教育目標が到達目標化されて公認されていること」をあげています[13]。そこで次に，現在の高校教育において目指されている学力像に注目してみましょう。

3 高等学校における教育改革

　2018年改訂学習指導要領においては，「予測困難な時代に，一人一人が未来の創り手になる」という展望のもと，3つの柱（「知識・技能」「思考力・判断力・表現力等」「学びに向かう力，人間性等」）で捉えられる「資質・能

力」を育成するという方針が打ち出されました。また，「資質・能力のバランスのとれた学習評価を行っていくためには，……論述やレポートの作成，発表，グループでの話合い，作品の制作などといった多様な活動に取り組ませるパフォーマンス評価などを取り入れ，ペーパーテストの結果にとどまらない，多面的・多角的な評価を行っていくことが必要」だとされています(14)。

図１－４には，現在までに開発されている様々な評価方法を示しています。パフォーマンス評価とは，知識やスキルを使いこなすことを求めるような評価方法の総称です。パフォーマンス評価が提唱されるようになった背景には，知識の暗記・再生にとどまらず，知識やスキルを使いこなす力が重要だと考える学力観の転換があります。パフォーマンス課題とは，様々な知識やスキルを総合して使いこなすことを求めるような複雑な課題です。また，ポートフォリオとは，学習者の作品や自己評価の記録，教師の指導と評価の記録などをファイルや箱などに系統的に蓄積していくものを意味しています。ポートフォリオ評価法とは，ポートフォリオづくりを通して，学習者が自らの学習のあり方について自己評価することを促すとともに，教師も学習者の学習活動と自らの教育活動を評価するアプローチです。

このような評価方法は，それぞれに評価の対象となる学力の種類について，ある程度の適・不適があります。幅広い知識やスキルを習得しているかどうかを見るには，「選択回答式（客観テスト式）の問題」をも含めた筆記テストや実技テストが有効です。しかしながら，知識やスキルをリアルな状況で使いこなせるようになるような「深い

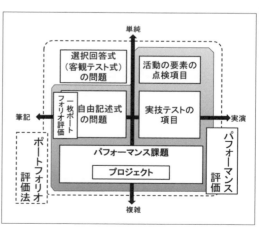

図１－４　様々な評価方法
（西岡加名恵『教科と総合学習のカリキュラム設計』図書文化，2016年，p.83の図を簡略化した）

理解」を育成し評価するには，パフォーマンス課題の活用が必須だと考えられます[15]（図1－8（p.62）も参照）。さらに，生徒自身が課題設定を行い，情報を収集し，整理・分析し，まとめ・表現して，さらに課題を設定しなおすというサイクルを繰り返すような「探究的な学習」（「総合的な学習（探究）の時間」や課題研究など）については，ポートフォリオ評価法を活用することが有意義です。

　現在では，高等学校でも，様々な教科でパフォーマンス課題が開発されています[16]。たとえば，まとまった文章を書く，プレゼンテーションをする，グループで話し合う，学んだ知識・スキルを応用して問題解決に取り組む，根拠を示しつつ主張を述べる，実験を計画・実施・報告する，複雑な実演をする，企画を立てて提案する，といった課題です。そういったパフォーマンス課題によって，教科の中核に位置するような「原理や一般化」についての「深い理解」が保障され，学習の意義が伝わることによって生徒の学習意欲も高まります。

　一方，スーパーサイエンスハイスクール（SSH）やスーパーグローバルハイスクール（SGH），職業高校などでは，実験やフィールド調査などに取り組んで研究発表を行い論文にまとめたり，リアルな社会での課題解決を目指すプロジェクトに取り組んだり，といった多彩な取り組みが展開されています[17]。こういった取り組みは，生徒に自分の生き方を考えさせる上で，大きな効果をもつと言えるでしょう。そのようなプロセスや成果を評価する上では，様々な資料を蓄積していくようなポートフォリオを活用することが有効です。

4　到達点と今後の課題

　以上，紹介してきたような高等学校の実践を踏まえて，改めて今回の高大接続改革の到達点と今後の課題について考えてみましょう。今回の高大接続改革に当たっては，「学力の3要素」を，多彩な方法で評価することが目指

されていました（図1−2）。しかしながら，現在の学力評価論の到達点を踏まえると，目標と評価方法との対応関係については，より精緻な議論が必要だと考えられます。

表1−2では，石井英真の提案に基づき，「A. 能力・学習活動の階層レベル」を5つのレベルに分けています。レベル1・2・3が教科教育，レベル4は「総合的な学習（探究）の時間」に代表されるような「探究的な学習」，レベル5は特別活動に代表されるような自治的な活動にほぼ対応しています。Bの欄には，この5つのレベルに対応する評価方法を例示しています。

表1−2　能力・学習活動の階層レベルと評価方法の例

A. 能力・学習活動の階層レベル		B. 評価方法の例
教科等の枠づけの中での学習	1. 知識の獲得と定着 （知っている・できる） ※「事実的知識」「個別的スキル」	・選択回答式（客観テスト式）の問題
	2. 知識の意味理解と洗練 （わかる） ※「転移可能な概念」「複雑なプロセス」	・自由記述式の問題
	3. 知識の有意味な使用と創造 （使える） ※「本質的な問い」，「原理や一般化」についての「永続的理解」	・パフォーマンス課題
学習の枠づけ自体を学習者たちが決定・再構成する学習	4. 自律的な課題設定と探究 （メタ認知システム）	・小論文 ・「総合的な学習（探究）の時間」などのポートフォリオ
	5. 社会関係の自治的組織化と再構成 （行為システム）	・「総合的な学習（探究）の時間」や特別活動などについてのポートフォリオ

（西岡加名恵「大学入試改革の現状と課題」名古屋大学高等教育研究センター『名古屋高等教育研究』第17号，2017年，p.205の表を一部修正。Aの欄については，石井英真『今求められる学力と学びとは』日本標準，2015年，p.23，ならびにG. ウィギンズ，J. マクタイ著，西岡加名恵訳『理解をもたらすカリキュラム設計──「逆向き設計」の理論と方法』日本標準，2012年を踏まえて作成。図1−8（p.62）も参照されたい）

高校生の学力水準と学習意欲を向上させるという現在の課題に照らすと，レベル１〜３に対応する教科の学力については，共通性を確保しつつ，水準を高めることが求められます。その際，レベル３に対応するパフォーマンス課題を入試にどう組み込むかという議論をも視野に入れる必要があります。しかしながら，今回の高大接続改革では，そのような議論はほとんどなされませんでした。一方，レベル４・５については，学校も生徒も個性的な取り組みを進め，生徒と大学とのマッチングを図る発想が求められています。

　なお，諸外国をみると，パフォーマンス課題を入試において位置づけている例を見つけることができます。たとえば，イギリスにおける中等教育修了証書（GCE）のＡレベルでは，統一テストと学校で作成したレポートとを組み合わせるといった形で評価が行われています[18]。また，国際バカロレア（IB）についても，外部評価（最終試験）と内部評価（学校におけるレポートやプレゼンテーションなど）を併用するものとなっています[19]。

　以上を踏まえると，次に目指すべき高大接続システム改革の構想として，まず教科の学力水準を確保するという観点からは，大学入試を，中等教育修了資格試験に切り替える仕組みが重要になると考えられます。たとえば，複数の高校が実施している評価を，何らかの第三者機関が認定し，大学に対して証明するといった仕組みです（図１－５）。調査書の比較可能性を高める，あるいは日本版IBを作る，といった発想を追求する必要があります。日本においても，学校を超えてスタンダード（社会的に共通理解された目標・評価基準）を明確にしようとする取り組みの萌芽は生み

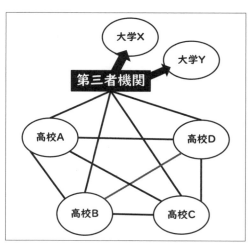

図１－５　新たな高大接続システム
（イメージ。筆者作成）

出されています。たとえば，京都府乙訓地方では8校の中学校が，「評定」用ルーブリックや，観点別評価から「評定」への変換ルール（教科ごとの重みづけ）を共通の枠組みとして設定しました[20]。関西と北陸のSSH8校が，生徒の作品を持ちより，科学的な探究についての「標準ルーブリック」を開発し，また生徒たちの力を育てる指導方略について交流した例もあります[21]。そういった取り組みを，さらに拡大・普及することが求められています。

　一方，生徒の個性的な興味・関心と大学のアドミッション・ポリシーをマッチングさせる発想については，ポートフォリオを活用した入試の実践に注目しておく価値があるでしょう。たとえば，京都大学教育学部の特色入試は，第1次選考が書類選考（「学びの報告書」「学びの設計書」など），第2次選考が課題と口頭試験，第3次選考はセンター試験（共通テスト）という形で実施されています。第1次選考のために提出する「学びの報告書」にはファイル1冊分の成果資料を添付できるようになっており，まさしくポートフォリオを入試に用いている例と言えます。特色入試で入学した学生たちからは，書類をまとめること自体が「将来どう進むかを深く考える機会」になった，といった声が聞かれています[22]。

　最後に，今回の高大接続改革をめぐっては，地域格差や子どもの貧困の問題を踏まえた問題提起も行われました。子どもの貧困率は13.5％に上り[23]，コロナ禍の影響でますます深刻化することが予想されます。しかし，OECDによる2017年の調査によれば，初等教育から高等教育の公的支出が国内総生産（GDP）に占める割合は，OECD諸国平均が4.1％に対し，日本は2.9％（比較可能な38か国中最下位から2番目）です[24]。大学進学できるかどうかが学力以外の経済的・地域的な要因によって大きく左右される現状を打開するためには，選抜において用いられる評価方法の改革以上に，経済的・地域的な格差を縮小するための公的支出が求められていると言えるでしょう。

【注】

（1）経緯の詳細については，西岡加名恵「大学入試改革の現状と課題」名古屋大学高等教育研究センター『名古屋高等教育研究』第17号，2017年，pp.197-217を参照。

（2）「平成33年度大学入学者選抜実施要項の見直しに係る予告」2017年7月。

（3）本稿は，公益財団法人　大学基準協会の第3回　大学評価研究所「公開研究会」（2020年11月27日）において筆者が行った研究発表を下敷きにしている。

（4）山村滋・濱中淳子・立脇洋介『大学入試改革は高校生の学習行動を変えるか』ミネルヴァ書房，2019年，p.179を参照。

（5）中村高康『大衆化とメリトクラシー』東京大学出版会，2011年。

（6）「大学入試のあり方に関する検討会議」第16回（2020年10月）参考資料を参照。

（7）前掲『大学入試改革は高校生の学習行動を変えるか』を参照。

（8）高大接続システム改革会議「最終報告」参考資料。ベネッセ教育総合研究所「高大接続に関する調査」（2013年）に基づくもの。

（9）溝上慎一責任編集，京都大学高等教育研究開発推進センター・河合塾編集『高大接続の本質──「学校と社会をつなぐ調査」から見えてきた課題』学事出版，2018年参照。

（10）溝上慎一・学校法人河合塾編集『「学校と社会をつなぐ調査」4時点目成果報告書』2019年4月（https://be-a-learner.com/5296/）。

（11）田中耕治氏は，学力調査を分析する「4つの視角」として，「学力の質と構造」「学力の水準」「学力の格差」「学習への意欲」を提案している（田中耕治『教育評価』岩波書店，2008年，pp.1-11）。

（12）佐々木亨『大学入試制度』大月書店，1984年，p.8。

（13）田中耕治「高大接続における入試のあり方」大学基準協会『大学評価研究』第18号，2019年，p.23。

（14）中央教育審議会「幼稚園，小学校，中学校，高等学校及び特別支援学校の学習指導要領等の改善及び必要な方策等について（答申）」2016年12月。

（15）G. ウィギンズ・J. マクタイ著，西岡加名恵訳『理解をもたらすカリキュラム設計──「逆向き設計」の理論と方法』日本標準，2012年参照。

（16）西岡加名恵編著『高等学校　教科と探究の新しい学習評価』学事出版，2020年参照。

（17）同上書参照。

（18）二宮衆一「イギリスのAレベルと多様な入学資格」伊藤実歩子編著『変動する大学入試』大修館書店，2020年，p.215。

（19）次橋秀樹「国際バカロレア」細尾萌子・夏目達也・大場淳編著『フランスのバカロレアにみる論述型大学入試に向けた思考力・表現力の育成』ミネルヴァ書房，2020年，p.265。

（20）西岡加名恵『教科と総合学習のカリキュラム設計』図書文化，2016年，pp.261-272。盛永俊弘「地域で学習評価の改善に取り組む」奥村好美・西岡加名恵編著『「逆向き設計」実践ガイドブック』日本標準，2020年，pp.136-141も参照。

(21) 西岡加名恵・大貫守「スーパーサイエンスハイスクール８校の連携による『標準ルーブリック』開発の試み」『教育方法の探究』第23号，2020年３月，pp1-12。前掲『高等学校 教科と探究の新しい学習評価』pp.30-31も参照。

(22) 楠見孝・南部広孝・西岡加名恵・山田剛史・斎藤有吾「〈実践報告〉パフォーマンス評価を活かした高大接続のための入試——京都大学教育学部における特色入試の取り組み」京都大学高等教育研究開発推進センター『京都大学高等教育研究』第22号，2016年12月，p.60。前掲『高等学校　教科と探究の新しい学習評価』pp.36-37も参照。

(23) 厚生労働省「2019年国民生活基礎調査」を参照。

(24) OECD, *Education at a Glance 2020*, 2020（https://www.oecd.org/education/education-at-a-glance/）。ReseMom「教育への公的支出，日本は38か国中37位…OECD調査」（https://resemom.jp/article/2020/09/09/58029.html）も参照。

（西岡加名恵）

3 様々な大規模学力調査の意図と特徴

どのような論争点があるのか

POINT

- ✓学力調査で良い結果を収めた国，地域，学校の教育をモデルとして絶対視することは望ましくない。
- ✓学力調査は，その実施方法や結果の扱い方によって，批判を受けることもある。
- ✓学力調査で求められる学力の中身を吟味する上では，そのために必要な教育，学校と授業のあり方について検討することが重要である。

1 大規模学力調査の多様性

　本節では，様々な大規模学力調査の意図と特徴について紹介します。国際的な大規模学力調査としては，主に PISA（生徒の学習到達度調査），TIMSS（国際数学・理科教育動向調査）の２つを扱います。日本国内の大規模学力調査としては，「全国学力・学習状況調査」，各地方自治体による学力調査，「教育課程実施状況調査」，「特定の課題に関する調査」，「学習指導要領実施状況調査」，「情報活用能力調査」を検討します。ここでは，これらの学力調査について，誰が，いかなる意図のもとで，どのように行っているのかを踏まえて，「大規模学力調査」の多様性を確かめるとともに，それをめぐる論点を整理します。なお，本節では，学力調査を対象とするため，大学入試に関連するテストは扱いません。

　様々な学力調査の異なる意図と特徴を意識的に分析するという視点は，田中耕治編『新しい学力テストを読み解く』（日本標準，2008年）においても

貫かれていたものです。田中氏の整理によると，TIMSS が各国における学校教育のカリキュラムの習得状況を測定するものである一方で，PISA は，グローバル・スタンダードの考え方に基づき，学校教育の範疇にとどまらず，国としていかなる教育政策を実施しているのか，その成果を評価するための調査となっています。日本において実施される「全国学力・学習状況調査」は，PISA の学力観の影響を強く受けていると言われます。これらの知見を参考にしつつ，本節では，同書が刊行された2008年以後の社会および教育分野における動向についても確認します。なおここでは，各学力調査の結果よりも，各学力調査における評価の枠組や各学力調査に関する研究動向の紹介に重点を置きます（学力調査の結果については，**4**を参照してください）。

2 国際的な学力調査

① PISA（生徒の学習到達度調査）

　PISA（Programme for International Student Assessment）は，OECD（経済協力開発機構）によって実施される学力調査です。OECD は，経済のグローバル化が進展する現代において，教育が経済発展に重要な役割を果たすとして，各国の教育を共通の枠組において比較する必要性を主張します。PISA は，このような共通の枠組を提供するものとして設計されました。PISA は，義務教育終了段階にある15歳児を対象としており，生涯を通じて学び続けられる学習者であるために必要な知識および技能を，どの程度身につけているのか測ることを主な目的としています。そのため，PISA の問題は，市民生活を営む上で遭遇しうる様々な文脈を含んでおり，要求される知識や技能も，学校教育におけるカリキュラムの枠を超えるものとなっています。

　PISA は，2000年から３年ごとに，「読解力」・「数学的リテラシー」・「科学的リテラシー」の３分野などについて実施されています。毎回，３分野のうち一つについて，特に重点を置いて調べられます。そのほか，生徒の学習環境などに関する質問紙調査も行われています。これまで７回実施されてき

た PISA は，各国の政策評価や立案に役立つように，リテラシー調査から基本指標を，質問紙調査から背景指標を，それらの指標の経年変化を表す経年指標を開発してきました。

　PISA の内容および方法は，次のように変化してきました。まず，2015年には，筆記型調査からコンピュータ使用型調査に移行されました。それに合わせて，質問紙調査に生徒を対象とする ICT 活用調査が加えられるとともに，コンピュータ使用型の特徴を踏まえて，リテラシー調査の内容が調整されました。また，リテラシーの評価枠組に関しても変化がありました。リテラシー3分野は，表1−3のように，知識領域（内容），関係する能力（プロセス），状況・文脈という3つの側面から成り立っています。PISA2009とPISA2018の枠組を比べてみると，大きな枠組は変わらないものの，実生活で遭遇しうる状況を処理するための能力がより重視されるようになったことがわかります。たとえば，「評価し，熟考する」能力の定義に，議論の質や信憑性，そしてテキストを作成する側の視点を検討することが追加されました。

　次に，PISA をめぐって，日本ではどのような議論が起きているのか見てみましょう。まず，調査を通じて得られるデータをもとに，特に家庭背景や学校の状況といった生徒の学習環境と学力の関係について国際比較する研究が多く見られます。こうした研究を通じて，日本の社会経済的背景における格差は，他国に比べて全体的に小さいものの，学校間の学力格差が極めて大きいという傾向が指摘されました[1]。

　PISA の能力概念にメスを入れる研究も見られます。松下佳代氏は，PISA型能力概念「リテラシー」に対して，これが〈内容の知識やポリティクスの視点を捨象し，グローバルに共通すると仮想された機能的リテラシー〉であるとして，この捨象された部分を取り戻す必要があると主張しています[2]。この批判の矛先にあるのは，PISA において，論争的な問題が状況・文脈の素材として扱われているものの，生徒への要求はデータ解釈のレベルにとどまっているということです。また，各国の文化的要因が軽視され，設定され

表1−3　PISA 2018調査における3分野の構成

	読解力	数学的リテラシー	科学的リテラシー
知識領域（内容）	テキスト ・情報源（単一／複数） ・構成とナビゲーション（静的／動的） ・形式（連続型／非連続型／混成型）	包括的な概念 ・変化と関係 ・空間と形 ・量 ・不確実性とデータ	科学の知識 ・物理的システム ・生命システム ・地球と宇宙のシステム
能力（プロセス）	認知プロセス ・情報を探し出す ・理解する ・評価し，熟考する	数学的なプロセス ・定式化する ・活用する ・解釈し，適用し，評価する	能力（コンピテンシー） ・現象を科学的に説明する ・科学的探究を評価して計画する ・データと証拠を科学的に解釈する
状況・文脈	私的／公的／職業的／教育的	個人的／職業的／社会的／科学的	個人的／地域的・国内的／地球的

（国立教育政策研究所『生きるための知識と技能7　OECD 生徒の学習到達度調査（PISA）2018年調査国際結果報告書』明石書店，2019年，p.53より一部抜粋）

ている状況・文脈に慣れ親しんでいない子どもたちの存在も指摘されています。

　そのほか，PISA による日本の教育への影響を批判的に検討した研究や，国際的な PISA 研究の動向を批評した研究なども存在します。これらの研究の共通点は，PISA による教育の標準化に警鐘を鳴らしている点です。OECD は，PISA の設計と実施にとどまらず，PISA に上位レベルの国の教育政策を考察し，報告書にまとめています。これを踏まえて，松下氏は PISA が政策評価のための指標の開発とデータの提供にとどまらず，教育政策を方向づけるものとしても使われていると指摘しています[3]。その上で，PISA が日本にもたらしたのは学力向上への政策転換だけでなく，「説明責任」や「質保証」といった言葉が示すように，教育的な場への目標評価体制の浸透でもあることに注目すべきであると主張します[4]。一方，高山敬太氏は，PISA が

標準化された数値をベースに各国の教育制度を評価しランクづける中，教育の多様性が薄いものになっているとした上で，このPISAによる普遍化の現象に対抗するリソースとして，日本の教育の理論と実践を改めて参照することを呼びかけています[5]。

② TIMSS（国際数学・理科教育動向調査）

TIMSS（Trends in International Mathematics and Science Study）は，IEA（国際教育到達度評価学会）によって進められている，算数・数学及び理科の到達度に関する国際的な調査です。TIMSSは，4年ごとに行われており，1995年から現在まで7回の調査が実施されてきました。TIMSSでは，小学校第4学年と中学校第2学年の児童・生徒が対象とされます。なお，日本では，2023年にコンピュータ使用型の調査へ完全移行することを見据えて，2019年，国立大学附属中学校の生徒を対象として，従来の筆記型に加え，コンピュータを使用する調査も実施されました。

TIMSSではPISAと異なり，学校のカリキュラムを踏まえて調査の枠組が設計されています。ここでいう「カリキュラム」には3つの捉え方があります。すなわち，意図されたカリキュラム（国，政策レベル），実施されたカリキュラム（教師，授業レベル），達成されたカリキュラム（児童・生徒レベル）です。「実施されたカリキュラム」は，「意図されたカリキュラム」を念頭において，学校や教室で実際に子どもに与えられたものを指します。そして「実施されたカリキュラム」を通して，子どもたちが実際に獲得した内容を「達成されたカリキュラム」としてTIMSSは測定しようとします。

このように，TIMSSは，3つの次元のカリキュラムを包括的に反映する，各国の教育システムの成果について調査することによって，参加国の教育政策，特にカリキュラム改革に影響を与えることを目的としています。また，前回の調査に参加していた小学校4年生が，次に調査を受ける中学校2年生時にどのくらい成果を上げることができるかをみることができるのも一つの特徴です。

表1-4　TIMSS2019における評価の枠組

内容領域	算数（小4）	数，図形と測定，資料の表現		
	数学（中2）	数，代数，図形，資料と確率		
	理科（小4）	物理・化学，生命科学，地球科学		
	理科（中2）	物理，化学，生物，地学		
認知的領域		小4（算数，理科）	中2（数学）	中2（理科）
知ること（知識）		40%	35%	35%
応用すること（応用）		40%	40%	35%
推論を行うこと（推論）		20%	25%	30%

（① http://timssandpirls.bc.edu/timss2019/frameworks/framework-chapters/mathematics-framework，② http://timssandpirls.bc.edu/timss2019/frameworks/framework-chapters/science-framework より筆者作成）

　TIMSSの評価の枠組は，内容領域と認知的領域の2軸から成り立っています（表1-4）。ただし，TIMSSに関しては，正答率のほか，子どもたちが算数・数学と理科について価値を置いているか，好んでいるか，自信があるかといった非認知的な要素にも注目しています。そのため，質問紙調査の結果にも，多くの研究者が関心を寄せています。

3 日本国内の学力調査

① 全国学力・学習状況調査

　文部科学省による「全国学力・学習状況調査」は，2007年度から実施されている調査です（以下，全国学テ）。その結果は，社会の注目を大きく集めています。調査の目的は，「児童・生徒の学力状況の把握・分析」，「教育及び教育施策の成果と課題の検証」，「児童・生徒の学習改善・学習意欲の向上」の3つです。また，国・公・私立の小学校第6学年，中学校第3学年の児童・生徒を対象に，教科に関する調査と，児童・生徒の生活習慣と学校環境に関する質問紙調査が実施されています。教科に関する調査は，国語と算

表1−5 「知識」と「活用」を一体的に問うことによる特徴

国語	＊より日常生活に近い文脈で出題される →新聞記事といった活字の場面が設定される →言語事項を単体で問わない →各大問に記述式の問いが設定される →相手を想定するというコミュニケーションの文脈が設定される
算数・数学	＊問題の約半数が数学的な見方・考え方を評価する生活場面の問題である →基礎的な知識・技能は，大問の中の一つの小問として出題される →正解が一つとは限らない，あるいは正解が簡単に得られない →問題文や図表といった資料と関連づけて問題が問われる →記述式の回答が要求される

（平田郁美・佐藤千代美・吉野隼・長尾ひろみ「リーディングスキルと全国学力・学習状況調査結果の相関」『共愛学園前橋国際大学論集』20号，2020年，pp.18-20より筆者作成）

数・数学の2教科を中心とし，2012年度から理科が，2019年度から英語が，いずれも3年に1回のペースで実施されています。

　全国学テにおける評価の枠組は，学習指導要領に規定される内容領域と，指導要録に依拠した評価の視点に基づいて設計されています。教科に関する調査は，「知識」に関するA問題と「活用」に関するB問題に分かれていましたが，2019年度から「知識」と「活用」を一体的に問う問題形式へ変更されました。その背景には，A問題とB問題の正答率に強い相関が見られることを踏まえ，このような問題区分が絶対的なものではないことが意識されるようになったという事情がありました。また，2017年改訂学習指導要領において，「資質・能力」の3つの柱である「知識及び技能」，「思考力，判断力，表現力」と「学びに向かう力，人間性」が相互に関係し合うという考え方が示されたことも，従来の区分を見直す原動力となりました。表1−5は，A問題とB問題の一体化が，調査の問題にどのように反映されたのかを整理したものです。

　全国学テのように，文部科学省が主体となり，全国規模で実施された学力調査は，1960年代頃にも存在しました（以下，旧学テ）。旧学テの結果に関しては，公表しないことが約束されていたものの，一部の自治体では結果が

発表され，学校や地域間の競争を加速させてしまったことが指摘されています[6]。このように，旧学テにおいては問題が顕在化し，様々な研究者によって批判が展開されていました。しかしながら，2000年代初頭における学力低下論争の再来と，PISAの結果が「学力低下」を裏づけたことで，子どもたちが身につけている学力の実態を把握し，学校教育および教育施策の成果と課題を検証することを要求する声が高まりました。そこで，全国学力調査が再び始められることとなりました。これが今の全国学テです。

　全国学テでも，その結果の扱い方と実施方法に関して，批判がなされています。2014年文部科学省は，全国学テにおける市区町村別成績と学校別成績の公表を認めました。その背景には，全国学テの結果を，教員の授業改善に活かそうとする（たとえば，上位ランキングにある地域や学校の授業をモデル化し，参考にさせるなど）という意図があったことがうかがわれます。こうした方針について，これは国からの強制的な改善命令に等しく，学校現場を管理・統制するものであるとも言われています[7]。実施方法に関しては，1教科につき60分（小学校）または90分（中学校）しかない時間で，前述した3つの目的が達成されうるのか，また，抽出調査ではなく悉皆調査を行う必要性は何かについても疑問視されています[8]。

② 地方自治体による学力調査

　文部科学省が実施している全国学テのほか，各地方の教育委員会による，地方レベルの学力調査も存在します（以下，地方学テ）。地方学テの歴史は，戦後初期に遡ることができます。戦後初期の地方学テは，戦後新教育による学力低下問題の実態や教育の諸条件と学力との関係を調査したものでした。そして，学力競争が激化した60年代の地方学テは，旧学テの成績向上政策の一環として行われたものでした。その後，一部地域のみでの実施が長らく続きましたが，2000年前後から，地方学テを実施する地域が増加し始めました。その背景には，地域の特性を教育に反映させようとする「ローカル・オプティマム」政策への推進や，PISAショックがあります[9]。

地方学テの目的としては，学力の実態把握，指導・授業の改善，学力向上の3つが主に挙げられています。これらの目的は，全国学テの目的とほぼ一致しています。また，地方学テによる実施の仕方（多くは悉皆調査）や，結果の活用の仕方（内部資料とされているものの，学校別・地域別にランキング化されている）についても，全国学テと相違ないと指摘され，そのため，地方学テは全国学テの繰り返しとなっており，学校現場の疲弊を招いているという批判が見られます[10]。加えて，地方学テの調査問題に関して，地域による独自性が見られにくいという指摘がなされています。たとえば，市町村レベルでは業者に依頼する場合が多く，都道府県レベルでは，全国学テをモデルに作成されるか，あるいは業者と共同で作成される場合がほとんどです。したがって，地方学テが，単なる全国学テの事前対策になっていることが指摘されています[11]。

③ 教育課程に関する調査

全国学テのような学力達成状況の調査のほか，カリキュラム評価をするための調査もいくつかあります。これらの調査は，悉皆調査である全国学テとは異なり，抽出調査で実施されます。全国学テの前に，このような調査として行われていたのは，「教育課程実施状況調査」でした（以下，課程調査）。この調査は，小・中学校は1983年，1994年，2001年，2003年に，高校は2001年からそれより1年あるいは2年遅れて実施されました。課程調査は，学習指導要領に基づく教育課程の実施状況を調べ，それを通して学校における指導上の問題を明らかにし，その改善を目指すものです。小学校5年から中学校3年生までの児童・生徒と，高等学校の3年生を対象とし，小学校では国語・社会・算数・理科，中学校では国語・社会・数学・理科・英語について調査が行われました。実施された4回のうち，1989年に告示された学習指導要領に基づく1994年と2001年の調査は，問題例を開示し，経年変化を示すことができるため，特に関心を集めました。1989年版学習指導要領の中軸をなすものは「新しい学力観」です。したがって，1994年と2001年

の調査においては，従来の学力調査で十分に対象化できていなかった学力の質を測ることが目指されました。そこで，学習過程を意識的に再現しながらその一部を問題として設定するという方法が用いられました。

　こうした方法に対して，渡辺貴裕氏は，課程調査において実施された国語の問題文を分析した上で，調査問題に解答する際に子どもが経験する過程は，現実場面でその言語活動を行う際に経験する過程とは異質な，かつやや不自然なものとなっていると指摘しています[12]。したがって，そのように得られた結果は本当に指導および学習の改善に資するものとなりうるのか，検討の余地があると指摘しているのです。

　2005年から2012年にかけて，課程調査の実施を契機に，「特定の課題に関する調査」が始められました。この調査では，課程調査の枠組では把握しにくい側面に関する調査が行われました。たとえば，2007年度中学校第3学年の社会科に関する調査においてスポットライトが当てられたのは，「問題解決的な学習の実施状況」でした。また，2005年度小学校第4学年から中学校第3学年までの算数・数学に関する調査では，「数学的に考える力，計算に関する力」について調査されました。

　「学習指導要領実施状況調査」は，2008年版学習指導要領の実施に伴い，全教科を対象として2012・2013年度（小・中学校），2015年度（高等学校）に行われました。この調査の目的は，学習指導要領の変更点を中心に調査することで，次期指導要領改訂のためのデータを収集することにありました。この調査により，小学校段階では，課題解決に向けて主体的に文章を読むこと（国語），社会的事象の働きや役割を考え表現すること（社会科），科学的な言葉や概念を的確に記述すること（理科）などに課題があると指摘されました。

④ 情報活用能力調査

　情報化の進展に伴い，国際学力調査は，コンピュータ使用型調査へと移行しています。ICT教育の普及が遅れているとされる日本においても，このよ

うな動向を受けて，「情報活用能力調査」が試みられています。この調査は，2013年10月から2014年1月（小学校5年生，中学校2年生），また2015年度から2016年度（高校2年生）にかけて実施されました。この調査における評価の枠組と，それぞれの要素に関する問題例は，表1-6の通りです。

　この調査は，教科横断的な「資質・能力」である児童・生徒の情報活用能力を把握し，その育成に向けた施策の展開，学習指導の改善，教育課程の検討のための基礎資料を得ることを目的としています。文字入力，表計算，情報の活用に関する能力を測定する調査のほか，生徒の情報活用に関する家庭と学校の学習環境といった背景的情報を調べるための質問紙調査も実施されています。ただし，この調査は，教科と異なり，これまで評価問題があまり蓄積されてこなかった分野であるため，作問および採点が困難であるという課題も指摘されています[13]。

表1-6　情報活用能力調査における評価の枠組及びその問題例

3観点	8要素	問題例
情報の科学的な理解	情報手段の特性の理解	電子掲示板やSNSの特性を選択する
	情報活用の評価・改善	処理手順のフローチャートを作成する
情報活用の実践力	情報の収集・判断・表現・処理・創造	表，ウェブページ等から情報を見つけ出し，整理，解釈する
	受け手の状況などを踏まえた発信・伝達	目的に合ったグラフの作成，プレゼンテーションにてスライドの作成
	課題や目的に応じた情報手段の適切な活用（操作）	単語入力，タイピング
情報社会に参画する態度	望ましい情報社会の創造への参画	ブログを続けるかやめるかの理由について記述する
	情報モラルの必要性や情報に対する責任	不正請求への対応で不適切な項目を選択する
	情報や情報技術の役割や影響の理解	ブログを使って自他の情報の取り扱いの問題点を選択する

（文部科学省資料「情報活用能力調査の概要」より筆者作成）

また，質問紙調査と調査本体の結果の関係性についての分析を通して，学校における，情報やICTを活用した学習活動の実施状況が，子どもたちの情報活用能力に大きな影響を与えていることが明らかになりました。そのため，こうした学習活動を，教育課程にどう位置づけるのか，また，指導はどのように行うべきなのかということが，これからますます課題になると考えられます。この調査について，これ以上は紙幅の都合から扱わないものの，今後の動向を注視する必要があるでしょう。

【注】
（1）垂見裕子「家庭背景による学力格差——PISA調査の分析から——」『日本教育社会学会大会発表要旨集録』第61号，2009年，pp.295-296。
（2）松下佳代「PISAリテラシーを飼いならす——グローバルな機能的リテラシーとナショナルな教育内容——」『教育学研究』第81巻第2号，2014年6月，pp.14-27。
（3）松下佳代「PISAの能力観・評価観と日本的受容の過程」教育科学研究会編集『教育』第785号，2011年6月，pp.4-12。
（4）松下佳代「PISAで教育の何が変わったか〜日本の場合〜」『教育テスト研究センターCRETシンポジウム報告書』2010年12月，pp.1-10。
（5）高山敬太「PISA研究批評——国際的研究動向と『日本』の可能性——」『教育学研究』第85巻第3号，2018年9月，pp.50-61。
（6）浪本勝年「学力テスト政策の変遷とその法的問題点」『日本教育政策学会年報』第17号，2010年，pp.88-96。
（7）北野秋男・下司晶・小笠原喜康『現代学力テスト批判』東信堂，2018年，pp.28-29。
（8）同上書，pp.17-18。
（9）同上書，pp.85-87。
（10）北野秋男「全国の市町村教育委員会による『学力調査』の実施状況」日本大学教育学会『教育学雑誌』第51号，2015年，pp.17-31。
（11）北野秋男「わが国の学力調査体制の実態と課題」『教育学雑誌』第52号，2016年，pp.1-14。
（12）渡辺貴裕「平成13年度小中学校教育課程実施状況調査の分析」『関西教育学会紀要』第29号，2005年，pp.136-141。
（13）黒上晴夫・堀田龍也・小柳和喜雄「情報活用能力調査と教育メディア研究」『教育メディア研究』22巻1号，2015年，pp.13-24。

（祁　　白麗）

4 学力テストの結果をどう読むか

4つの視角から見る学力テスト :::

POINT

- ⊘学力テストの結果について，「学力水準」（平均値）のみに注目するのではなく，様々な事実を読み取り，教育のあり方を検討することが重要である。
- ⊘学力テストの結果を「学力格差」という視角から分析すると，授業についていくことや，ある学年において身につけておくべき学力を十分に習得することができていない子どもが一定数存在していることを確認できる。
- ⊘学力テストの結果を「学力構造」という視角から分析すると，日本の子どもたちが，自分の考えを他者に伝わるように記述するための学力を十分に身につけることができていない可能性があることがわかる。
- ⊘学力テストの結果を「学習意欲」という視角から分析すると，日本の子どもたちに，「学んだことが実際に役に立っている」という実感や，学習活動を楽しみ，自ら学んでいこうとする姿勢が十分に備わっていない可能性があることを読み取れる。

1 学力テストの結果を捉える「4つの視角」

　これまで，学力テストはどのようなことを明らかにしてきたのでしょうか。また，そこで明らかになったことを，私たちはどのようにすれば知ることができるのでしょうか。ここでは，田中耕治氏が示した「4つの視角」[(1)]――

「学力水準」・「学力格差」・「学力構造」・「学習意欲」——を用いながら，学力テストの結果を検討し，これらの問いに答えていきたいと思います。なお，ここで分析の対象とする学力テストは，TIMSS，PISA，全国学力・学習状況調査（以下，全国学テ）の３つです[(2)]。

2 「学力水準」という視角

　「学力水準」とは，「計測可能学力を対象にして，学力調査によって当該集団の平均値を算出したもの」[(3)]を指します。この視角は，時に，「以前より順位が上がった／下がった」「Ｘ校（ここには，都道府県や国も入ります）の成績は，他と比べて高い／低い」といったセンセーショナルなデータをもたらします。しかし，こうした情報に振り回されるべきではありません。なぜなら，平均値は，調査対象をめぐる実態の一側面を示すものにすぎないためです。たとえば，児童・生徒全員が50点である場合も，児童・生徒のうち半分が100点，残り半分が０点である場合も，平均値は50点です。

　1990年代から2000年代半ばにかけて巻き起こった「学力低下」論争も，学力水準という視角の限界を示すものです。市川伸一氏は，この論争に関わった論者たちを，①「学力低下」に楽観的で（日本の子どもたちには，基礎的な学力がそれなりに身についているとみなして），「ゆとり教育」の教育改革路線を推進する「教育行政側の人たち」，②「学力低下」を憂慮し，教育改革路線に反対する「いわゆる『学力低下論者』たち」，③表現力・思考力といった「見えにくい学力」や，学習意欲・自己評価力などの「学ぶ力としての学力」の低下に着目し，「学力低下」を打開するためにこそ教育改革を推進すべきであるとする「もう一つの学力低下論」者たちという３つのグループに分類しました[(4)]。表１−７に示した議論の内容には，それぞれの立場における，「学力低下」に関する見解が端的に表れています。

　この論争は，次のことを示唆します。すなわち，「学力低下」と聞くと，学力水準が下降する様子を想像するかもしれませんが，「学力低下」論争の

表1－7 「学力低下」をめぐる議論

氏名 （職業（当時））	立場 （市川による分類）	発言内容の概要
寺脇研 （文部官僚 （大臣官房政策 課長））	① （「学力低下」楽観 視，改革推進）	・わからないから意欲が下がる。学習に対する意欲・熱意が向上するような改革を進める必要がある。そのとき，学力が落ちるのは「瞬間的」なものだ。（＊1） ・勉強をしなくていいという風潮に，勉強したい子が流されないように，勉強は十分にできるようにしていこう。そのために，学校や教師が常に競争・評価に晒されるような仕組みづくりが必要だ。（＊3）
苅谷剛彦 （東京大学助教授 （教育社会学））	② （「学力低下」憂慮， 改革反対）	・「ゆとり」は家庭や地域社会における学習ではなく，TVなどの娯楽に充てられ，学力の分極化・低下につながった。（＊1） ・数学や理科の基礎学力が落ちた場合，日本を支えてきた技術力・経済力はどうなるのか。（＊1）
戸瀬信之 （慶應義塾大学教授 （経済学））		基礎から積み上げる学びと，基礎に降りていく学びなどと単純に言ってしまっては困る。学習は基礎から積み上げるに決まっている。（＊2）
西村和雄 （京都大学教授 （経済学））		「守・破・離」という言葉がある。創造的な行為や発想は，基礎的な「型」としての知識や技能を身につけた後に出てくるものだ。（＊2）
和田秀樹 （精神科医）		・自分から「九九をやりたい」と言ってくれればいいが，そうはいかないのだから，しっかり教え込む指導が必要だ。（＊3） ・激しい競争が国民全体の教育レベルを上げてきた歴史がある。いま，頑張った経験のなさが脆弱な人間をつくっている。（＊3）
市川伸一 （東京大学教授 （教育心理学））	③ （「学力低下」憂慮， 改革推進）	・「学力低下」というときには，「学んだ結果としての学力」と「学ぶ力としての学力」の双方を射程に入れる必要がある。（＊2） ・積み上げ型の系統学習だけでなく，自分の目的を実現するために「基礎に降りていく」学習も取り入れることで，知識が生きてはたらくものとなるという実感をもたせることが必要だ。（＊2）

＊1　寺脇研，苅谷剛彦「徹底討論 子供の学力は低下しているか（特集『学力低下』を考える）」『論座』54号，朝日新聞社，1999年，pp.12-33。

＊2　市川伸一「学力低下論争の構図と『もう1つの学力低下論』」「中央公論」編集部，中井浩一編『論争・学力崩壊』中公新書ラクレ，2001年，pp.209-231〔1999年に行われた「日本行動計量学会」シンポジウムの記録〕。

＊3　寺脇研，和田秀樹『どうする「学力低下」 激論・日本の教育のどこが問題か』PHP研究所，2000年。

（市川伸一『学力低下論争』（ちくま新書，2002年）および上記の文献を参考に筆者作成）

渦中で，実際に「学力は低下しているのか」という問いに向き合った人々は，目指すべき学力像や，それを育てるための教育方法・カリキュラムなど，学力水準という視角からは見えてこないような実態にも焦点を合わせながら，これからの教育のあり方について考えていたということです。ゆえに，「学力水準」という視角に立つことで得られる情報に一喜一憂せず，これから述べる3つの視角から見えてくるものにも，しっかりと目を向ける必要があると言えるでしょう。

3 「学力格差」という視角

「学力格差」という視角は，先程示した2つの例（全員が50点である場合と，半分が100点，残り半分が0点である場合）の間に存在する違いを解き明かすために役立ちます。これは，「子どもたちの学力がどのように分散しているのかをみる視角」[5]を指します。

この視角を用いるとき，授業についていくことや，身につけておくべき学力を十分に習得することができていない子どもが一定数存在しているという事実を確認することができます。たとえば，PISAに関して，「知識を得たり，幅広い実際的な問題を解決するために自身の読解力を発揮し始める習熟度レベル」（レベル2）を満たさない生徒の割合は，日本の場合，9.8％（2012年）→12.9％（2015年）→16.8％（2018年）と増加傾向にあります。また，2019年度全国学テの質問紙調査では，「授業やテストで間違えたところや理解できなかったところをわかるまで教えてくれますか」という項目に対する否定的解答（「どちらかといえば，当てはまらない」と「当てはまらない」の合計）が，小学校で8.2％，中学校で15.2％に上りました。

「学力格差」はなぜ生じるのでしょうか。格差の原因が，授業の方法だけでなく，学校の外側にある可能性も見逃せません。格差に関する一つの有力な見解が，「階層間の経済的・文化的格差が学力格差の基盤にある」というものです。2013年度学テの追加調査として実施された「保護者に対する

調査」の結果は，こうした見解を裏づけるデータの一つです。この調査は，抽出した公立学校において，本体調査を受けた児童・生徒の保護者に対して実施されたものです（表1－8）。この調査を通じて，家庭の社会経済的背景（Socio-Economic Status：SES。ここでは，家庭所得，父親学歴，母親学歴の3つの変数を合成した指標）が高い児童・生徒のほうが，各教科の平均正答率が高い傾向にあることが示されました（表1－9）。

　経済や文化に還元できない要因が学力格差に大きく関わっている可能性も指摘されています。志水宏吉氏は，「離婚率の低さに示されるような家庭・

表1－8　2013年度「保護者に対する調査」における調査対象

	保護者		学校	
	対象数	有効回答数（率）*	対象数	有効回答数（率）**
小学校	16,908	14,383（85.1%）	429	391（91.1%）
中学校	30,054	25,598（85.2%）	410	387（94.4%）

＊児童生徒の結果と結合できる保護者の回答数　＊＊1人以上の保護者が有効回答だった学校数
（お茶の水女子大学「文部科学省委託研究『平成25年度全国学力・学習状況調査（きめ細かい調査）の結果を活用した学力に影響を与える要因分析に関する調査研究』」[URL：https://www.nier.go.jp/13chousakekkahoukoku/kannren_chousa/pdf/hogosha_summary.pdf] を参考に筆者作成）

表1－9　家庭の社会経済的背景（SES）*と各教科の平均正答率との関係

	小学校				中学校			
	国語A	国語B	算数A	算数B	国語A	国語B	数学A	数学B
Highest SES	72.7	60.0	85.4	70.3	83.6	76.7	75.5	55.4
Upper middle SES	63.9	51.4	79.2	60.3	78.6	70.3	67.5	44.9
Lower middle SES	60.1	46.1	75.2	55.1	75.2	66.0	62.0	38.8
Lowest SES	53.9	39.9	68.6	47.7	70.7	59.8	54.4	31.5

＊家庭所得，父親学歴，母親学歴の3つの変数を合成した指標を4等分し，Highest SES，Upper middle SES，Lower middle SES，Lowest SES に分割して分析が行われている。
（同上資料を参考に筆者作成）

家族と子どもとのつながり，持ち家率にあらわれるような地域・近隣社会と子どものつながり，不登校率の低さに結びつくような学校・教師と子どもとのつながりが，それぞれに豊かな地域の子どもたちの学力は高い……それに対して，それらのつながりが脅かされている地域の子どもたちの学力は相対的に低い」（「つながり格差」が存在する）という仮説を提唱しました[6]。

「学力構造」という視角

「学力構造」という視角は，テストを通じて測られる能力の構造を問うものです。学力テストでは，予め「形成すべき学力」像が定められ，それに基づいて調査問題の作成と分析が行われます。したがって，「学力構造」は，学力調査を分析する上で本質的な視角となります。

学力構造に関して，TIMSS，PISA，全国学テのいずれにおいても，いわゆる「知識を活用する能力」や思考力・判断力といった能力が重視される傾向にあります（詳細は第1章**3**）。こうした姿勢は，テストの形式および内容にどう反映されているのでしょうか。

形式面では，地図を見て川が流れている方向を判断し，その理由を記述させる問題（TIMSS2015，中学校理科）のような，記述式の問題が豊富に出題されていることを確認できます。選択式の問題にも工夫が見られます。2019年度全国学テでは，提示された数式が，どのような値を求めている式であるか選ばせる問題（小学校算数）や，ある発言が話し合いの中で果たした役割として，最も適切なものを選ばせる問題（中学校国語）などが出題されました。

内容面では，問題内容が現実の文脈に近づけられていることを指摘できます。たとえば，地域の人にインタビューをする場面（2019年度全国学テ，小学校国語）や，冷蔵庫の購入に当たり，複数の冷蔵庫の容量・価格・1年間あたりの電気代を比較する場面（2019年度全国学テ，中学校数学）など，子どもが教室場面や私的な生活において実際に遭遇しうる文脈に則った問題

があります。PISA の場合，自身をある職業（養殖場の研究者や看護師など）に従事する人間であると仮定して解かせる問題も多く見られます。このような志向性は，リアルな生活で直面するような課題に取り組ませる中で評価活動を行おうとする「真正の評価」論と通底するものです。また，後述する「レリバンス（適切性）」の回復にも深く関わります。

　このような特徴に目を向けながら，学力テストの結果を確認すると，自分の考えを記述するような問題について，日本の子どもたちの無解答率が著しく高いことがわかります。2019年度全国学テにおいて，無解答率が高かった問題の多くが，記述式の問題でした（表1－10）。このテストの結果からは，自分の考えを書くことや，答えの導き方について説明することが求められる問題において，無解答率が特に高くなっていることも読み取れます。

　日本の子どもたちが，自由記述の問題を苦手としていることは，PISA2018の結果にも表れています。たとえば，「読解力」の問題で，日本の正答率（62.6％）が OECD 平均（41.8％）を最も上回った問題は「理解する」「複合的選択肢」の問題（「パラシュート降下消防士」問7）でした。一方，日本の正答率（30.9％）が OECD 平均（53.5％）を最も下回った問題は「理解する」「自由記述」の問題（「イソップ物語」問2）でした。

　無解答率の高さは，次に説明する「学習意欲」の低さによって引き起こされている場合もあるでしょう。しかし，自分の考えを他者に伝わるように記述するための学力を十分に身につけていないことが原因となっている可能性も否定できません。このように，「学力構造」という視角は，「いま，子どもたちはどのような学力を身につけている／いないのか」，「子どもたちに身につけさせるべき学力とは何か」，そして「それを形成するにはどうすればよいか」という問いについて考えるためのヒントをもたらすのです。

5　「学習意欲」という視角

　「学習意欲」とは，「学習に自発的に能動的に取り組もうとする傾向性」[7]

表1-10　2019年度全国学テにおける無解答率上位3問の概要

小学校国語	問題番号	概要	形式	無解答率 (%)	正答率 (%)
	3三	畳職人の仕事への思いや考えに着目して心に残ったことを書く	記述	<u>14.1</u>	68.3
	1四（1）イ	傍線部を，漢字を使って書き直す	短答	<u>12.0</u>	69.5
	1四（2）	囲い部の1文を，接続語「そこで」を使って2文に分けて書き直す	短答	<u>11.2</u>	48.0

小学校算数	問題番号	概要	形式	無解答率 (%)	正答率 (%)
	3（2）	除法の計算の仕方についてまとめると，どのようになるのかを書く	記述	<u>10.7</u>	31.3
	1（3）	面積をどのように求めているのかを，数や演算の表す内容に着目して書く	記述	<u>6.6</u>	44.1
	4（2）	何秒後にゴンドラに乗ることができるのかを求める式を書く	短答	<u>4.3</u>	68.8

中学校国語	問題番号	概要	形式	無解答率 (%)	正答率 (%)
	2三	話合いの流れを踏まえ，「どうするか決まっていないこと」について自分の考えを書く	記述	<u>8.7</u>	60.9
	3二	本文中の情報を用いて，意見文の下書きに「魅力」の具体例を書き加える	記述	<u>7.7</u>	78.0
	1四	投稿先の名前と住所を書く	短答	<u>5.5</u>	15.6

中学校数学	問題番号	概要	形式	無解答率 (%)	正答率 (%)
	8（2）	傍線部の考えが適切ではない理由を，ヒストグラムの特徴を基に説明する	記述	<u>20.8</u>	41.1
	9（2）	連続する5つの奇数の和が中央の奇数の5倍になることの説明を完成する	記述	<u>17.5</u>	60.3
	7（3）	四角形ＡＢＣＤがどのような四角形であれば，ＡＦ＝ＣＥになるかを説明する	記述	<u>17.2</u>	53.8

中学校英語	問題番号	概要	形式	無解答率 (%)	正答率 (%)
	4	留学生の音声メッセージを聞いて，アドバイスを書く	記述	<u>41.4</u>	8.4
	8	資料を読んで，食糧問題に対する自分の考えを書く	記述	<u>27.3</u>	11.6
	9（2）②	与えられた英語について，会話が成り立つように英文を書き換える	短答	<u>12.2</u>	29.8

（国立教育政策研究所教育課程研究センター「平成31年度（令和元年度）　全国学力・学習状況調査　調査結果資料【全国版／小学校】」［URL：https://www.nier.go.jp/19chousakekkahoukoku/factsheet/19primary/］および同「平成31年度（令和元年度）　全国学力・学習状況調査　調査結果資料【全国版／中学校】」［URL：https://www.nier.go.jp/19chousakekkahoukoku/factsheet/19middle/］を参考に筆者作成）

のことです。全国学テおよび TIMSS における質問紙調査の結果を見てみると、日本の子どもたちに、勉強することの必要性・重要性に対する意識は育まれていても、「学んだことが実際に役に立っている」という実感や、学習活動を楽しみ、自ら学んでいこうとする姿勢が十分に備わっていないことがわかります（図1－6，1－7）。ゆえに、学習意欲の向上は、現代日本において切実な課題です。

　「学習意欲」の中核を占めるものは「自発性」と「能動性」です。ゆえに、勉学に励むよう闇雲に促すよりも、「なぜ勉強するのか」、「この勉強は、自分にとっていかなる意味をもつのか」、「今学んだことは、現在または将来においてどのように役立つのか」という問いに対する答えを、子どもたち自身が発見できるような指導を行うことが大切です。つまり、教育内容と子ども

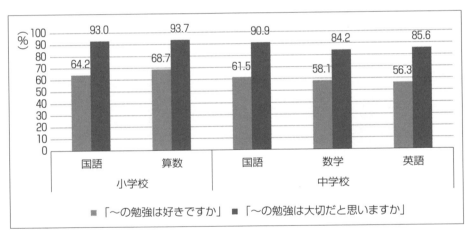

図1－6　教科に対する興味関心等をめぐる質問に対する肯定的回答＊の割合
（2019年度全国学テ質問紙調査の場合）

＊「当てはまる」と「どちらかといえば、当てはまる」の合計を指す。
（国立教育政策研究所教育課程研究センター「平成31年度（令和元年度）　全国学力・学習状況調査　調査結果資料【全国版／小学校】」［URL：https://www.nier.go.jp/19chousakekkahoukoku/factsheet/19primary/］および同「平成31年度（令和元年度）　全国学力・学習状況調査　調査結果資料【全国版／中学校】」［URL：https://www.nier.go.jp/19chousakekkahoukoku/factsheet/19middle/］を参考に筆者作成）

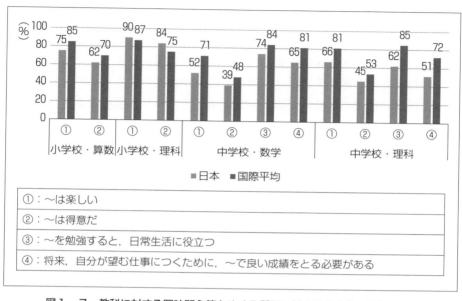

図1-7　教科に対する興味関心等をめぐる質問に対する肯定的回答[*]の割合
（TIMSS2015の場合）

＊「強くそう思う」と「そう思う」の合計を指す。
（国立教育政策研究所教育課程研究センター「国際数学・理科教育動向調査（TIMSS2015）のポイント」[URL：https://www.nier.go.jp/timss/2015/point.pdf] を参考に筆者作成）

の実生活とのつながりを重んじる（＝「レリバンス（適切性）」を意識する）視点が求められます。

6 テストの結果から「学校」を問い直す

　以上を通じて，「４つの視角」を用いると，子どもたちの学力をめぐる実態について理解を深められたり，教育内容・指導方法および自身の教育観・学力観を吟味するための情報を得られたりすることが確認されました。とりわけ，「学力格差」という視角は，授業についていくことや，ある学年において身につけておくべき学力を十分に習得することができていない子どもが

一定数存在していることを明らかにしています。この事実は，学校は誰のためのものなのか，一部の子どものためのものになってしまってはいないかという鋭い指摘を，私たちに投げかけていると言えるでしょう。

　学力格差を乗り越える責任は，教職員のみが負うものではありません。高田一宏氏は，学校の外部的要因に恵まれず，学力格差を克服できずにいる学校に関する検討を通じて，次のように述べました[(8)]。

> D小やE中のように学校をとりまく外部環境がとりわけ厳しい場合，学校の効果が現れないことの責めを教職員に負わせるのは理論的に誤っている。……むしろ我々は子どもたちに「とことん最後まで向き合おう」（E中）とする教職員をサポートする方策を，学校の内と外の取り組みを結びつける方策を考えるべきである。これについては，例えば，スクール・ソーシャルワークを通じて教育・福祉連携，中学校区を基盤とした校種間連携（幼稚園・保育所，小・中学校，高校）の充実，地域における子どもの生活・学習支援（いわゆる「子どもの居場所づくり」）などが考えられる。……D小やE中が直面してきた困難とは，社会的不利益層が集中しがちな地域の学校として，すべての子どもたちに生活と教育を保障しようとしてきたがゆえの困難なのである。

　この指摘は，地域，あるいは全国で一体となり，学校の内外から，子どもたちの生活や学習をサポートすることによって，学力格差の克服に取り組んでいくことの大切さを，改めて私たちに教えてくれます。こうした考えに則るとき，学力テストの結果についても，その良し悪しに一喜一憂するのではなく，そこから得られる様々なデータに基づき，「これまでの学校や社会は，どう機能してきたのか，今後はどうあるべきか」，「そうした学校または社会を実現させる上で，自身はどのような役割を果たせばよいか」といった問いについて考え，実践していくことが求められます。

【注】
（1） 田中耕治編著『新しい学力テストを読み解く　PISA/TIMSS/ 全国学力・学習状況調査／教育課程実施状況調査の分析とその課題』日本標準，2008年
（2） 分析にあたって，次のサイトおよび書籍を参考にした。
　　　国立教育政策研究所教育課程研究センター「IEA 国際数学・理科教育動向調査（TIMSS）」[URL：https://www.nier.go.jp/timss/index.html]
　　　国立教育政策研究所国際研究・協力部「OECD 生徒の学習到達度調査（PISA）」[URL：https://www.nier.go.jp/kokusai/pisa/]
　　　国立教育政策研究所教育課程研究センター「全国学力・学習状況調査」[URL：https://www.nier.go.jp/kaihatsu/zenkokugakuryoku.html]
　　　国立教育政策研究所編『生きるための知識と技能7 OECD 生徒の学習到達度調査（PISA）2018年調査国際結果報告書』明石書店，2019年
（3） 田中，前掲書，p.34
（4） 市川伸一『学力低下論争』ちくま新書，2002年，pp.14-18
（5） 田中，前掲書，p.35
（6） 志水宏吉『「つながり格差」が学力格差を生む』亜紀書房，2014年，p.17
（7） 田中，前掲書，p.38
（8） 高田一宏「『効果』が現れにくい学校の課題──子どものウェルビーイングの観点から」志水宏吉・高田一宏編著『マインド・ザ・ギャップ！──現代日本の学力格差とその克服』大阪大学出版会，2016年，pp.213-216

（中来田敦美）

5 学力テストと授業づくりの関係を どのように構想するか

パフォーマンス課題を中心とする単元設計と授業づくり:::::

POINT

- パフォーマンス課題とは，知識や技能（スキル）を総合的に活用することを求めるような複雑な課題である。
- パフォーマンス課題を単元の最後に位置づけて，単元のゴールを明確にし，「パーツ組み立て型」「繰り返し型」などの考え方を組み合わせて，単元や授業を構想することが有効である。
- パフォーマンス課題は，単元の評価課題のみならず学習課題でもあるため，教師と子どもが協働して取り組んでいく視点が重要である。
- パフォーマンス課題を単元設計に取り入れることは，知識を活用することのみならず，知識の定着においても有効であり，新しい傾向性をもつ学力テストに対応し，剥がれ落ちない学力をしっかりと育てることにつながる。

1 パフォーマンス課題への期待

③と④では，近年の学力テストにどのような傾向性や質的な変化が見られるのかを解説してきました。たとえば，OECD が実施する PISA は，知識の有無ではなく，もっている知識を活用し，実際の問題に対応できる力（いわゆる PISA 型学力）を対象とするものでした。全国学力・学習状況調査においても，単に知識の有無を問うのではなく，「思考力・判断力・表現力」を問うような問題も出題されるようになっています。また，センター試験の後続となる大学入学共通テストでも，同様の傾向性を見出すことができます。

このような学力を育む手段として，アクティブ・ラーニングという学習方法が推奨されてきました。しかし，アクティブに活動していても，頭の中はアクティブになっていないという問題提起，つまり，主体的で対話的であっても深い学びにつながってないのではないかという懸念から，学びの深さに焦点が合わせられるようになっています。こうした状況では，学びやその土台となる学習課題の「質」が，今まで以上に問われているとも言えるでしょう。

　そこで，上述したような学力を育むための方法として注目を集めているのが，パフォーマンス課題を中心とする取り組みです。パフォーマンス課題とは，様々な知識や技能（スキル）を総合して使いこなすことを求めるような複雑な課題のことです。西岡加名恵は，ウィギンズ（G. Wiggins）らによる「逆向き設計」論を踏まえて，パフォーマンス課題を取り入れた単元設計を行うことを勧めています[1]。そこで本節では，このようなパフォーマンス課題を中心に据えた単元設計や授業づくりの方法について解説していきます。

2 パフォーマンス課題とは何か

① 基本的な考え方とその特徴

　パフォーマンス課題とは，知識や技能を総合的に活用することを求める課題のことです。たとえば，サッカーの授業においてはドリブル，パス，シュートの練習を入念に行うだけでなく，それらを総合的に活かすような試合を行います。試合を行うことで，これまで学習した技能や知識が結びつき，子どもたちは学ぶことの面白さや醍醐味を感じることができます。この「試合」に当たるのが，パフォーマンス課題です。

　ただし困ったことに，この「試合」は，意識的に準備しないといつのまにか指導計画から抜け落ちてしまいます。これまで実技系教科以外の授業では，どれだけ豊かに知識や技能を学んだとしても，必ずしも学習したことを活用するという段階にまで進みませんでした。これは，サッカーの授業において

ドリブル，パス，シュートの練習はしたけれど，それを活かす場である試合はしないという状況にも喩えられます。パフォーマンス課題を，単元における学習の集大成として単元末や学習の節目に取り入れることは，学んだ知識や技能を総動員して活用する「試合」のような舞台を創り出すことです。試合の段階まで見据えることで，知識をどれだけ豊かに学んでも，それを活かす場はテストだけという尻すぼみな構造を乗り越えることができるのです。

　パフォーマンス課題という言葉自体は，聞き慣れないものであっても，パフォーマンス課題に類するものは，これまでも実践されてきました。論説文やコラムの作成，実験設計，研究レポートの作成，プレゼンテーションやポスター発表などは，パフォーマンス課題の代表例であると言えます。このようなパフォーマンス課題は，学習の成果物として，子どもたちにある程度の長さやまとまりをもつ，作品の制作やパフォーマンスの実演を求めます。そこでは，唯一解を導くのではなく，多様な解決方法による様々な最適解を見出すことが求められるのです。したがって，このようなパフォーマンス課題における成果物は，正・誤では評価できず，ルーブリックと呼ばれる評価基準表に照らし合わせて評価されます。ルーブリックとは，ある質レベルの作品がどのような様相を示すのか，どのような特徴を有しているのかを説明するものです。パフォーマンス課題に取り組む際には，このようなルーブリックを参考にしながら，作品における熟達の度合いを質的に判断していくことが求められます。なお，パフォーマンス課題やルーブリックの具体的な作成方法については，本シリーズの既刊『「資質・能力」を育てるパフォーマンス評価』（2016年）や『Q&Aでよくわかる！「見方・考え方」を育てるパフォーマンス評価』（2018年）にて詳しく紹介しています。

　ただ，パフォーマンス課題とひと括りに言っても，プロジェクトのように数時間以上をかけて作品の制作を進める大規模な課題もあれば，長文記述の形式に近いような比較的小規模な課題もあります。たとえば，実験レポートの作成などは，形式によっては比較的短時間で取り組むことができます。一方，実験の設計・実施・報告となると，かなりの時数をかけて取り組む必要

が出てきます。いきなり大規模なパフォーマンス課題に取り組むことは難しいため，比較的小規模なパフォーマンス課題から始めるのがよいでしょう。

② 高次の学力を志向するパフォーマンス課題

パフォーマンス課題の第一の特徴は，従来の筆記テストとは異なる質の学力をその評価対象とするということです。パフォーマンス課題が評価対象とする学力は一体どのようなものでしょうか。

知識や技能は，その質的な違いから，3つの層をもつ「知の構造（structure of knowledge）」として整理することができます（図1－8）。この最も表層には，「事実的知識」と「個別的技能」があり，その奥には，「転移可能な概念」や「複雑なプロセス」があります。ここでいう「事実的知識」とは，元素記号や化学式（Na，H_2O）といったものです。一方，「転移可能な概念」としては，化学変化やエネルギー保存といった概念があげられるでしょう。このような「転移可能な概念」は，単純に語句を記憶するといったものではなく，多くの事実的知識が相互に結びついて成立し，思考することによってその理解が深まるものです。一般的な筆記テストは，主にここまでの層を主な評価対象とするものと言えるでしょう。

一方，パフォーマンス課題では，「原理や一般化」というさらに深い部分をその評価対象にしようとします。「原理や一般化」に対する「永続的理解」とは，「移転可能な概念」や「複雑なプロセス」を使いこなすことによって得られる物事の見方・考え方です。たとえば，理科の粒子領域では，原子論的な見方・考え方（物質の変化に関わる諸現象は，分子や原子といった粒子モデルの視点から捉えることができる）が重視されます。パフォーマンス課題では，このような見方・考え方のもとに，知識や技能を駆使することができるのかが試されるのです。

なお，■で示した石井による三層モデル（図1－1，p.18参照）は，学力・学習の質的レベルを「知っている・できるレベル」「わかるレベル」「使えるレベル」の三層で捉えようとするものでした。こうした石井の三層モデ

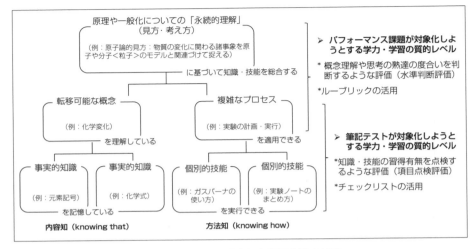

図1−8　「知の構造」と評価方法の対応

（石井英真『今求められる学力と学びとは』日本標準，2015年 p.33，石井英真『授業づくりの深め方』ミネルヴァ書房，2020年，p.238の図をもとに筆者が加筆・修正した）

ルに照らし合わせた場合，パフォーマンス課題は，主に「使える（知識の有意味な使用と創造）」レベルの学力を試そうとするものです。このように，知の構造や学力・学習の質的レベルを踏まえることで，パフォーマンス課題が評価対象とする学力がどのようなものかを捉えることができます。

③ 真正性を志向するパフォーマンス課題

パフォーマンス課題のもう一つの特徴は，課題の文脈における「真正性（authenticity）」が追求されるという点です。パフォーマンス課題では，仕事や市民生活といった現実世界をシミュレーションするような場面，つまり「真正性」のある文脈を設定することが重視されます。これまでのテストで問われる学力は，学校の中でのみ問われるようなものでした。しかし，パフォーマンス課題への取り組みでは，学習した知識や技能が，学校という特殊な文脈だけでなく，学校外の現実世界の文脈においても活きることを目指します。もっとも，現実世界での課題解決は，ただ語句を答えたり計算を行っ

たりするだけで済んでしまうことはなく，自らがもつ知識や技能を総動員することが求められます。こうした点で，真正性を追求するという志向性は，高次な学力を追求するという志向性とも通底しているのです。

　このような真正性の解釈には，主に2つの考え方があります。一つ目は，実生活や現実社会に類似した場面や文脈を想定することであり，もう一つは，その領域の専門家が知を探究する過程を追体験するような場面や文脈を想定することです。算数の課題を引き合いに，これらの違いを確認してみましょう。例えば，ある部屋のリフォームをする際に，どれだけの資材や予算が必要になるのか計算させるような課題，あるいは，ある地域の携帯電話の電波カバー率を100％とするために，最低いくつの基地局が必要で，どう設置するのが最も効率的かを報告させるような課題は，現実世界の問題を数学的に解決するようなパフォーマンス課題であると言えます。つまり，第一の真正性を追求した課題です。一方，折り紙を題材とする幾何学的な課題や自然の中からフィボナッチ数列や黄金比を見出す課題などは，数学史の足跡を辿り，知の創造過程を追体験するようなパフォーマンス課題と言えます。つまり，第二の真正性を追求した課題というわけです。

④ 学ぶ意義を感じさせるパフォーマンス課題

　このように真正な文脈において，知識や技能を総合的に活用することを求めるパフォーマンス課題に取り組むことは，子どもたちに学習することの意義，面白さ，切実性を感じさせます。これまで子どもたちは，受験やテストといった学校内でのみ価値がある勉強に取り組んできました。パフォーマンス課題を取り入れることは，学校の中だけで意味をもつ学習ではなく，現実世界の文脈で活きていくような学習を導きます。このことによって，学ぶことの意義や面白さを子どもたちが実感することができるのです。はじめの喩えを引き合いに出せば，試合の段階までをも見据えることで，試合に勝つために，試合で活躍するためにと，ドリブル・パス・シュートの技術を磨き上げようというような意識が湧き上がってくるということです。

3 パフォーマンス課題を取り入れた単元設計と授業づくり

　それでは，このようなパフォーマンス課題を取り入れた単元設計と授業づくりは，どのように構想すればよいのでしょうか。まず，パフォーマンス課題を取り入れるに当たっては，パフォーマンス課題に取り組むことに適した単元を選択することが重要です。つまり，ある程度のボリュームがある単元でなければパフォーマンス課題を取り入れることは難しいということです。したがって，すべての単元において，パフォーマンス課題を取り入れなければいけないということはありません。

　これまで見てきた通り，パフォーマンス課題は単元で学習してきた知識や技能を使いこなすことを求めるような課題であり，したがって，単元におけるまとめの課題として位置づけられます。しかし，パフォーマンス課題は，まとめの課題であると同時に，単元全体を通して取り組むものであるとも言えます。それでは単元全体を通して，どのようにパフォーマンス課題に向き合っていけばよいのでしょうか。

① 単元におけるゴールを示すパフォーマンス課題

　パフォーマンス課題に取り組む単元では，単元のはじめに子どもたちに対して，単元の最後にどのようなパフォーマンス課題に取り組むのかということをあらかじめ提示しておくとよいでしょう。また，パフォーマンス課題と合わせて，先輩の子どもたちが過去に取り組んだ類似課題の作品事例などを提示することも有効です。このように，単元のはじめにパフォーマンス課題や作品事例を提示することは，単元の最後で「自分たちはこんなことができるようになるんだ」「こんな作品を目指していくんだ」といったようなゴールのイメージを子どもたちに具体的に伝え，単元における学習の目標意識を明確にします。つまり，教師と子どもが，共に単元のゴールに向けた見通しを共有してもつことができるようになるのです。また，単元のゴールとしてのパフォーマンス課題は，単元の学習を組織する上での指針として機能しま

す。つまり，パフォーマンス課題に向けて，どのような知識や技能を重点的に学習すれば良いのか，単元で学習する内容を精選することが可能になるのです。このように単元のゴールを明確にすることで，教科書をただ網羅すればよいといった網羅主義や，ただ活発な活動のみがあるといったような活動主義に陥ることを防ぐことができます（双子の過ち）。

　それでは，パフォーマンス課題というゴールに向けて，単元や授業はどのように構成すればよいのでしょうか。パフォーマンス課題では，知識や技能を総動員して取り組むことが求められます。したがって，パフォーマンス課題に取り組むために必要な知識や技能を，単元全体を通してしっかり身につけていく必要があります。そこで有効となってくるのは，パーツ組み立て型と繰り返し型という単元や授業を構成する2つの考え方です。

② パーツ組み立て型と繰り返し型による単元構想

　「パーツ組み立て型」は，パフォーマンス課題の遂行に求められるようなパーツを順序立って習得し，パフォーマンス課題を通してそれらのパーツを統合するといった単元構成の考え方です。中学校理科における「化学変化」の単元を引き合いに出してみましょう。この単元では，様々な分子や原子について学び，そして，化合・分解・酸化・還元など様々な化学変化を学んで行きます。このような「パーツ」を学んだ上で，単元の最後にこれらを組み合わせて活用するようなパフォーマンス課題に取り組むわけです。

　一方，「繰り返し型」は，基本的に同じようなパフォーマンス課題を，比較的簡単なものから始めつつ，繰り返して行っていくものです。つまり，単元の中で

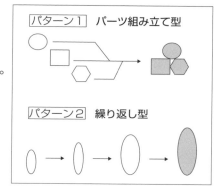

図1-9　単元構成の2つの考え方
（西岡加名恵編著『「逆向き設計」で確かな学力を保障する』明治図書，2008年，p.12）

課題に取り組む機会を何度も用意することで，練習と改善の機会を与え，よりよいパフォーマンスができるようにすることを意図する考え方です。たとえば，実験設計や実験レポートの作成を求めるパフォーマンス課題では，単元の途上においてミニ実験レポートを書く練習をしたり，実験設計を部分的に行ったりするなど，類似の"ミニ"パフォーマンス課題に繰り返し取り組み，練習を積む必要があります。このようなアプローチは，思考力の育成といった視点でも有効なものと言えるでしょう。理科における「比較」「関係づけ」「条件制御」「推論」といった考え方は，様々な題材を用いながら，繰り返し練習していく必要があります。

　もっとも，これら2つの考え方は，必ずしもどちらかを選択するというものではありません。「パーツ組み立て型」と「繰り返し型」両者の考え方は，多かれ少なかれどちらもパフォーマンス課題に向けて必要になってくるため，両者の折衷型となることが実際のところ多いと言えます。たとえば，化学変化を題材とした実験設計を求めるようなパフォーマンス課題では，様々な物質の性質，様々な化学変化の特徴，条件制御の方法といった知識や技能をパーツとして身につける必要があるのと同時に，実験設計や実験レポートの書き方について繰り返し練習する必要があるのです。このように，単元のゴールであるパフォーマンス課題に向けて，パーツ組み立て型や繰り返し型という発想で，単元を構想していくことが有効です。

　また，このような「パーツ組み立て型」や「繰り返し型」の考え方は，単元内の構成のみならず，複数の単元のパフォーマンス課題を構造化する際にも参考となり，単元を超えた年間の指導・学習計画を構成する上でも有効です。たとえば，年間を通して複数のパフォーマンス課題に取り組んでいき，年度末にこれまでの1年間で学習してきたことを総動員するようなパフォーマンス課題に取り組むといった年間計画を立てることもできます。また，年度初めにこのような構想を立てておくことで，各単元の位置づけや役割を見通すことができるようになるでしょう。

③ 学習課題と評価課題としてのパフォーマンス課題

　このようにパフォーマンス課題を単元に取り入れた際には，パーツを組み立てたり，繰り返し課題に取り組んでいったりする過程で，子どもの学習状況をしっかりと見とっていくことが重要です。要は，パフォーマンス課題に取り組む上で必要なパーツがしっかりと獲得できているのか，また，十分な練習をしっかりと積むことができているのかということに目配りすることが求められます。このように，子どもたちが，何につまずいているのか，どこに課題があるのかといったことを教師がしっかりと把握することで，単元の指導を臨機応変に調節していくことが可能になります。

　パフォーマンス課題やその練習に取り組む際には，子どもの作品や実演に対して，「何ができていて」「どこに改善の余地があるのか」「どうすればよりよくなるのか」といったフィードバックをわかりやすく提供していくことも大切です。また，子どもたち同士の作品や実演を見せ合ったり，お互いにフィードバックを伝え合ったりする作品批評会を行うことも有効です。このような作品批評会では，単に優劣を比較するのではなく，よい作品などの具体的事例を共有し，それらにはどのような特徴があるのか話し合うことで，規準についての理解を深めることが大切です。また，それぞれの作品をよりよいものとしていくために，どのような手立てや方策があるのかということを話し合うことも求められます。このように，パフォーマンス課題に取り組む過程においては，よりよい成果作品の完成を目指して，教師と子どもたちが一致協力していくのです。

　ただ，このように模範的な作品事例を提示することに対しては，「子どもたちが単にそれを真似してしまうのではないか」という懸念もあるでしょう。よい作品を共有することの一番のメリットは，「よい」ということが何を意味するのかについての具体的なイメージをはっきりと伝えることができる点にあります。したがって，単に一つの作品事例を見せて，その表面性を真似させるのではなく，様々な作品事例を提示し，それらがなぜよいとされるのかという奥行きのある視点を与えることで，創造的に模倣させていくという

ことが重要です。

　このようにパフォーマンス課題が授業や学習の中に埋め込まれていくと，パフォーマンス課題は，評価課題というよりか，むしろ，学習課題という性格を帯びてきます。こうした学習課題という視点があるからこそ，パフォーマンス課題に取り組む過程で教師や子どもたちが協働していくということが大切になってくるのです。しかし，そうするとパフォーマンス課題の成果物が，学びの証拠とならないのではないかという懸念が生じてしまいます。

　こうした両義性に対しては，大学の卒業論文といった取り組みを引き合いに出しながら解釈するのが妥当でしょう。卒業論文では，その提出に至るまでに，同級生や先輩，そして先生に何度も検討してもらいながら，そして，アドバイスやフィードバックをもらいながら練り直していきます。この点，卒業論文は学習課題であると言えるのです。しかし，そのようにフィードバックを受けて，最後に完成品を仕上げる過程や，卒業論文に対する口頭試問での受け答えでは，卒業論文への取り組みを通して，どれだけ力がついたのかということが試されます。この点で，卒業論文は，評価課題としても機能しているのです。このように学習課題として協働する部分と，個人で仕上げていく部分の両面を保障することで，パフォーマンス課題への取り組みは，学習課題と評価課題という両者の役割のバランスを取ることができるのです。

4　知識の獲得と活用におけるダイナミックな関係性

　パフォーマンス課題への取り組みは魅力的であっても「これでは，入試や学力テストに対応できない」，「活用の前に，まず知識・技能をしっかり定着させる必要がある」といった声も根強くあります。しかし，パフォーマンス課題などを通して知識を活用する学習は，知識の定着においても有効なものとなります。

　思考力・判断力・表現力の育成と，知識の習得の関係性はどのように捉えればよいのでしょうか。もちろん，知識なしに思考・判断・表現することは

できません。ただ，思考し表現するような活動は，必ず何らかの知識の定着や理解の深まりを伴います。人に何かを説明したときに，自分の頭の中でごちゃごちゃしていた考えがスッキリ整理されたという経験は，誰もがもっていることでしょう。もっと言えば，新しく獲得する知識は，既有の知識と能動的な思考によって結びつけられなければ，納得感が得られずにすぐに忘れられてしまうのです。要は，知識は詰め込みたくても詰め込めないのです。

テストの直前に教科書を網羅的に暗記し高得点をおさめたとしても，しばらく時間が経った後には，殆ど忘れてしまったというのはよくあることです。こうした学力は剥落する学力とも喩えられ，問題視されてきました。テストで，知識や技能の獲得を確認したつもりでも，それら知識や技能は本当の意味で身についていないのです。

こうしたことを踏まえれば，知識の習得と活用の関係は，習得から活用へという一方的なものではなく，いったん内化された知識を，問題解決のために活用したり，人に話したり書いたりするなどの外化の活動を通して再構成することで，深い理解に至るというダイナミックな関係で捉える必要があります。知識をしっかりと獲得していくことに加え，知識を活用することによって定着させていくという視点が重要なのです。本節で紹介したように，パフォーマンス課題を単元設計に取り入れることで，こうしたダイナミックなアプローチが可能となり，新しい傾向性をもつ学力テストにも対応し，剥がれ落ちない学力をしっかりと育てることにつながります。

【注】
（1）西岡加名恵『教科と総合学習のカリキュラム設計——パフォーマンス評価をどう活かすか』図書文化，2016年。G. ウィギンズ・J. マクタイ著，西岡加名恵訳『理解をもたらすカリキュラム設計——「逆向き設計」の理論と方法』日本標準，2012年

（石田　智敬）

第 *2* 章

各教科におけるテスト分析と
パフォーマンス評価を活かした
授業デザイン

国語科における学力テスト分析と授業づくり

テスト学力を超えて

POINT

- ⊘近年の国語科の学力テストは，非連続テキスト・複数テキストを横断的に読むこと，文章を対象化して読むこと，生活世界と文章の世界をつなげて読むことを求める傾向にある。
- ⊘近年の国語科の学力テストの背景にある学力・能力を育てるためには，教科の本質を踏まえつつ，国語科にとどまらず探究的に学びを展開する機会を意図的に組織する必要がある。
- ⊘探究的な学びを評価するためには，書くことによって省察を促しつつ，学級の中に学習共同体を形成することで，形成的評価の実質化を図ることが望ましい。

1 国語科におけるテスト分析

　「国語科における学力テスト」と聞いて多くの人の記憶に新しいのは，大学入学共通テスト（以下，共通テスト）を取り巻く議論ではないでしょうか。入試改革に関しては推進派・批判派の双方から様々な論点が提示され，侃侃諤諤の議論が巻き起こりました。今回の入試改革を取り巻く動向に対しては，現代を「大変な時代」であるとする言説に基づいて何かを変えるように要請する改革推進派の「未来志向」に対する批判の声が上がっています[1]。一連の改革は，その目玉であった英語民間テスト導入と記述式導入が見送られたため，改革推進派の準備・検討不足が強調される形で現在に至っています。一方，批判の主体である研究者の主張が「テスト理論やエビデンスに基づく

議論を志向する」がゆえに「改革による悪影響という観点から未来を語ることはあっても，未来を出発点に議論する手法をとっていない」との指摘もなされています[(2)]。

　学力テストを取り巻く喧騒は共通テストに限ったものではなく，PISA や全国学力・学習状況調査（以下，全国学テ）のような大規模学力テストにおいても多くの議論がなされてきました。一方，目の前の子どもに日々向き合いながら教育実践をつくり続けている現場の先生にとって，大規模学力テストを取り巻く賛否両論を踏まえつつ，「では，大規模学力テストとうまく付き合いながら，実際にどのような授業をすればよいのか」という問題は避けて通れないものです。それはすなわち，大規模学力テストにおいて測定されていること（の可能性と限界性）を踏まえつつ，それを超える豊かな教育実践をどのように構想するのかということを意味します。

　このような問題意識の下，ここでは近年の PISA，全国学テ，共通テストで出題された問題がどのような能力観・目標観のもとで作成され，どのような評価が行われているのかを分析した上で，それを踏まえて今後どのような授業づくりの道筋があるのか，その可能性を示すことを試みます。この試みは，授業をテストに隷属させ，子どもがテストへ適応・馴化することを促すものでも，テストや評価を蛇蝎のごとく忌避してテスト批判をイデオロギー的に行うことでもありません。本節の目指すところは，「テスト学力をいかにしてハックするか」や「テストをいかに無視・無力化するか」ではなく，テストとうまく付き合いながら，日々の授業実践においてどのようにして子どもたちを育てるかという実践的問題意識に基づいています。テストとのクールな距離感を保ちながら，日々の授業実践において子どもたちを育てることを企図する先生方にとって本節が参考となれば幸いです。

① PISA

　2018年の PISA では読解リテラシーが重点的に測定される年でした。この調査結果において日本の読解力が「15位」「急降下」などと報道され，記憶

に新しい人もいることでし
ょう。PISA で測定されて
いる「読解力」と日本の国
語で測定されている「読解
力」は異なると言われて久
しいですが、では、PISA
ではどのような「読解力」
を測定しているのでしょう
か。

PISA において想定され
ている「読解力」は、「自
らの目標を達成し、自らの

測定する能力

①情報を探し出す
ーテキスト中の情報にアクセスし、取り出す。
ー関連するテキストを探索し、選び出す。

②理解する
ー字句の意味を理解する。
ー統合し、推論を創出する。

③評価し、熟考する
ー質と信ぴょう性を評価する。
ー内容と形式について熟考する。
ー矛盾を見つけて対処する。

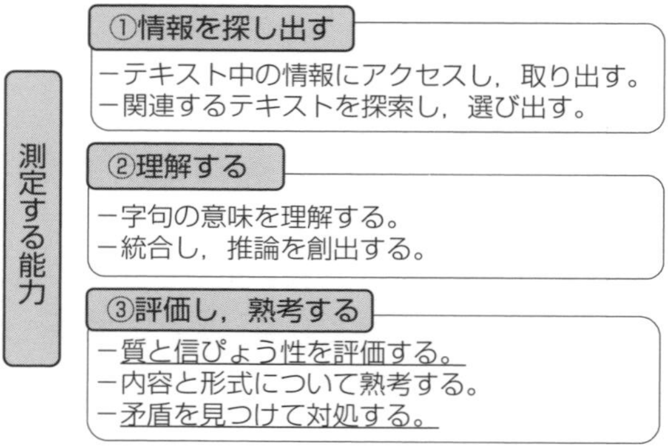

図2－1　PISA が測る能力
（国立教育政策研究所「OECD 生徒の学習到達度調査2018
年調査（PISA2018）のポイント」2019年）

知識と可能性を発達させ、効果的に社会に参加するために、テキストを理解
し、利用し、評価し、熟考する能力」[3]です。「評価・熟考」について、議論
の信ぴょう性や著者の視点を検討する能力を把握するという趣旨から、図2
－1下線部の「質と信ぴょう性を評価する」、「矛盾を見つけて対処する」と
いう文言が2018年調査から定義に追加されています。PISA において測定が
試みられている「読解力」には、与えられた文章の意味内容を正確に読み取
って再現するというだけでなく、「文章をよく理解した上で、文章がよいか
悪いかをよく検討して評価する」[4]力、すなわちクリティカル・リーディン
グ（批判的読み）が含まれているということです。

では、このような「読解力」が測られる PISA において、日本の子どもた
ちはどのような結果を残しているのでしょうか。文部科学省・国立教育政策
研究所の報告では、日本の生徒の課題はテキストから情報を探し出す問題や、
テキストの質と信ぴょう性を評価する問題、自由記述形式の問題に課題があ
るとされています。「評価し、熟考する」能力については、2009年調査結果
と比較すると、平均得点が低下し、特に2018年調査から「質と信ぴょう性
を評価する」「矛盾を見つけて対処する」が定義に追加され、これらを問う

74

問題の正答率が低かったとされています。

このような傾向について、「連続テキストだけでなく、非連続テキストも含んだ読解において、その情報について客観的・批判的な読みを行うことは、日本の学習者にとって課題となっている」と指摘されています[5]。ここで言及されている「連続テキスト」とは、文字で書かれた連続的な情報のことです。一方、「非連続テキスト」とは、リンクによって複数の文章がつながっていたり、文章と画像、動画がリンクされていたりするものです。非連続テキストが含まれる場合、読解プロセスは文字を順に処理していくだけでなく、階層の異なる情報を統合しながら進行していくことになります。

では、実際の PISA の問題はどのようなもので、日本の子どもたちが課題を抱えている「評価・熟考」の問題はどのようなものなのでしょうか。2018年の PISA の問題では、一つのテーマ（ラパヌイ島の文明）について、ブログ、書評、サイエンスニュースという３つの資料が提示

資料２−１　PISA2018読解リテラシー問題例

され，これらの複数テキストを読みこなしていく必要があります（資料２−１はブログの文章）。また，文章で書かれていることを図表に落とし込むことで文章理解を問う設問が出題されており，連続テキストだけでなく，非連続テキストによる情報の提示・整理に対応する能力が求められています。

問3　右の『文明崩壊』の書評を読んで，下の表の中から，次の問いの答えをクリックしてください。下の表のそれぞれの文は，書評『文明崩壊』からの抜粋です。これらは事実または意見のどちらですか。「事実」または「意見」のどちらかをクリックしてください。

この問3は，複合的選択肢の「評価・熟考」の問題の一例で，提示された書評内の文言が事実なのか意見なのかを問うものです。たとえば「本書には，自らの選択とそれが環境に与えた影響によって崩壊したいくつかの文明について書かれている」や「中でも最も気がかりな例が，ラパヌイ族である」のような文が事実か意見かが問われます。事実と意見を分ける問いかけは，たとえば「ワシントンは米国の初代大統領である」と「ワシントンは最も偉大な米国大統領である」というものがわかりやすいでしょう。「米国の初代大統領である」というのは客観的な記述（事実）ですが，「最も偉大である」というのは主観的な記述（意見）です。このように，課題文の内容について「事実かどうか」，裏を返せば「筆者の意見が含まれているかどうか」を判断することが求められています。課題文で書かれた内容を所与の「正しい」ものとして読むように訓練されている場合，何を問われているのか自体が理解しづらいかもしれませんが，フェイクニュースが社会問題化している近年，提示された文章を「評価・熟考」する能力は，これからの時代の「読解力」の一部を構成するものとして，今後さらに重視されていくでしょう。

問7　右のタブをクリックすると，それぞれの資料を読むことができます。下の問いの答えを入力してください。3つの資料［ブログ，書評，サイエンスニュース］を読んで，あなたはラパヌイ島の大木が消滅した

原因は何だと思いますか。資料から根拠となる情報を挙げて，あなたの
答えを説明してください。

　この問7は自由記述の「評価・熟考」問題です。自由記述問題も日本の生
徒が課題を抱えるものの一つで，自分の考えを他者に伝わるように記述でき
ず，問題文からの語句の引用のみで説明が不十分な解答となる傾向が見られ
ます。PISAにおける評価・熟考を求める自由記述問題では，上の問題のよ
うに「あなたの答えを説明してください」という問いかけ方で「自由記述」
の問題が出題されますが，問われているテーマに関する自分の考えたこと，
感じたことを「自由に」述べることが求められているわけではありません。
この点について，2000年，2003年実施のPISAをもとに分析した八田幸恵
氏が指摘する通り，PISAにおける「あなたの考えを述べてください」とい
う問題では，「他者の考えを漠然となぞったものや他者の考えからまったく
独立したもの」ではなく，「いかようにも解釈できる他者の考えを特定し，
それに対して批評を加えて書くことが『自分の考え』を書くこと」が求めら
れているのです。すなわち，「『他者の考え』を書くことと『自分の考え』を
書くことは表裏の関係にあるとみなされて」います[6]。

　近年の公開されている問題を見る限り，日本の子どもが得意とする自分の
考えを書くことを求める問題はほとんどなく，「『他者の考え』を書くことと
『自分の考え』を書くことは表裏の関係にある」種類の問題が出題されてい
ます。上の設問も，ブログ，書評，サイエンスニュースという3つの資料に
基づいて，そこから類推される内容を書くことが求められており，他者の考
えを書くことと自分の考えを書くことが表裏一体の関係になっています。

② 全国学力・学習状況調査

　最新の全国学テの調査問題[7]では，学習指導要領に示されている「話すこ
と・聞くこと」，「書くこと」，「読むこと」，〔伝統的な言語文化と国語の特質
に関する事項〕（3領域1事項）に基づき，全体を視野に入れながら中心的

1

【報告する文章】

高橋さんの学級では、生活の中で気になったことを調べ、友達に報告することにしました。高橋さんは、公衆電話について調べています。次は、高橋さんが書いている【報告する文章】です。これをよく読んで、あとの問いに答えましょう。

【報告する文章】

公衆電話について

高橋　めぐみ

1 はじめに

先日外出したときに、家に電話をかけようと近くの店に行くと、あったはずの公衆電話がなくなっていて、こまってしまいました。また、よく行く公園の公衆電話も、いつの間にかなくなっていました。わたしは、公衆電話の数が減っているのではないかと思い、町の公衆電話の数を調べてみることにしました。それをまとめたものが〈資料１〉です。平成二十年度から二十九年度までの十年間で、約半分にまで減っていることが分かりました。

そこで、公衆電話は、わたしたちにとって必要がなくなってしまったのかどうか調べてみることにしました。

2 調査の内容と結果

（1）公衆電話はどのようなときに必要なのか

多くの人がけいたい電話を持つ中で、公衆電話が必要とされているのかどうかを調べてみることにしました。

そこで、地いきの人三十人を調査の__ア__たいしょうとして、公衆電話は必要かどうかを聞いたところ、ほとんどの人が必要だと回答しました。その理由をまとめたものが〈資料２〉です。

「けいたい電話をわすれたときに必要」「けいたい電話の電池が切れたときに必要」などの回答がありました。このことから、公衆電話は、主にけいたい電話を使うことができないときに必要とされているということが分かりました。

〈資料２〉
公衆電話が必要な理由のまとめ（複数回答）

けいたい電話をわすれたときに必要	22人
けいたい電話の電池が切れたときに必要	12人
けいたい電話の使用が禁止されている場所にいるときに必要	5人
けいたい電話の電波がとどかない場所にいるときに必要	4人
けいたい電話や家の電話がつながりにくいときに必要	3人
その他	5人

〈資料１〉
公衆電話設置台数の移り変わり

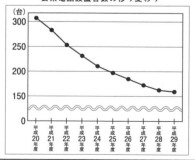

に取り上げるものを精選して出題されています。

　出題されている具体的な問題について，まず小学生の問題を見てみましょう。小学生の問題は大問３題構成で，いずれも図表や写真という非連続テキストを含む複数テキストで構成され，これらを横断的に読むことが求められています。また，身近で具体的な生活場面を想定した出題がなされ，それらを批判的に読むことが求められています。これは，たとえば大問１で出題された文章（資料２－２）にも表れている通りです。

　次に中学生の問題を見てみましょう。大問３題構成で，先ほどの小学生の問題と同様，非連続テキストを含む複数テキストの横断読み，批判的読み，生活世界との結びつきが前面に打ち出されています。次に示すのは「平成31年度全国学力・学習状況調査　中学校国語　大問１三」です。

　「みんなの短歌」に掲載されている内山さんの短歌，森川さんの短歌，松田さんの短歌の中から一首を選び（どの短歌を選んでもかまいません。），その短歌を読んであなたが感じたことや考えたことを，【選者より】を参考にしながら，次の条件１と条件２にしたがって書きなさい。なお，読み返して文章を直したいときは，２本線で消したり行間に書き加えたりしてもかまいません。

（条件１）選んだ短歌の中の言葉を取り上げて，想像できる情景や心情を書くこと。

（条件２）条件１で想像した内容について，あなたが感じたことや考えたことを具体的に書くこと。

　設問からもわかる通り，いわゆる自分の考えたこと，感じたことを書く問題です。「【選者より】を参考にしながら」という一文と条件１・２を付記することによって，PISA同様，他者の考えを漠然となぞったものや他者の考えからまったく独立したものを避けるように設計されています。この【選者より】を見ると，「三角ロジック」が有効そうです。「三角ロジック」は，英国の分析哲学者トゥルミンの論証モデルに由来する，根拠・理由・主張を用

> ## みんなの短歌
>
> 今回は、新年度を迎えたフレッシュな心境を表現した作品が集まりました。
>
> 目が覚めるジリジリ鳴る前に胸が高鳴る入学の朝
>
> 中一　泉　あきら
>
> 【選者より】「ジリジリと鳴る前に」と「胸が高鳴る」という表現から、いつもは目覚まし時計の音で起きているのに、この日の朝は、胸がどきどきして目覚まし時計が鳴る前に起きてしまったことが想像できます。入学式の朝は、新しい生活に思いを巡らせて、落ち着かない気持ちになるものです。
>
> 新しいノート教科書取り出して背筋伸ばして始まりを待つ
>
> 中一　内山　誠一
>
> 玄関の鏡の前でもう一度前髪笑顔ボタン笑顔と
>
> 中二　森川　りか
>
> 春風がいつもの道を駆け抜ける皆の足取り自然と軽く
>
> 中三　松田　花子

いて説明するもので，ディベートの指導などで使われています。鶴田清司氏は，日本の国語教育において教科書でも混同されがちな「根拠」と「理由」について，根拠を「客観的な事実・データ」，理由を「事実・データの解釈・推論」として明確に分けるために「三角ロジック」を用いることを推奨しています[8]。

　【選者より】に書かれている内容を三角ロジックに基づいて図にしたものが図２－２です。短歌内の具体的な記述を根拠として挙げ，それに基づく解釈・推論によって理由づけをし，最後に結論として主張が行われていることがわかります[9]。一方，設問文を見る限り，PISAと比べると，子どもが考えたこと・感じたことを自由に記述する余地がより多く残されています。この点は日本の国語教育における特徴と言えます。PISAと違うことをネガテ

ィブに捉えるというよりは，むしろPISAがカバーしていない学力を積極的に見取ろうとしていると考えるべきでしょう。

　以上の通り，出題されている問題の特徴として，非連続テキスト（グラフ，表，地図，絵等）が多用されていること，課題文が会話文になっているものが多いこと，探究学習をベースにした課題文が多いことが挙げられます。

【根拠】
「ジリジリジリと鳴る前に」
「胸が高鳴る」という記述

【理由】
入学式の朝は，新しい生活に思いを巡らせて，落ち着かない気持ちになるもの（だから）

【主張】
いつもは目覚まし時計の音で起きているのに，この朝は，胸がどきどきして目覚まし時計が鳴る前に起きてしまったことが想像できる。

図2－2　三角ロジックを用いた【選者より】の整理（筆者作成）

③ 大学入学共通テスト

　共通テストでは，大学入学志願者の高等学校段階における基礎的な学習の達成の程度を判定することが主たる目的とされ，大学教育を受けるにふさわしい能力・意欲・適性等を多面的・総合的に評価・判定されます。国語の共通テストの目玉として記述問題の出題が計画されましたが，採点精度の問題等から初年度からの実施は見送られ，論理的・実践的文章，文学的文章，古文，漢文の4題構成で出題されます。ここでは，2018年に実施された共通テストの試行調査（第2回）と，2021年に実施された第1回共通テストの問題を分析します。

　まず，試行調査（第2回）の問題作成の方向性を確認しましょう。この調査は，高等学校学習指導要領において育成を目指す資質・能力（そのための「主体的・対話的で深い学び」）に準拠し，知識の理解の質を問う問題や，思考力，判断力，表現力を発揮して解くことを求める問題を重視します。そのため，「主体的・対話的で深い学び」の実現に向けた授業改善のメッセージを込めて，学習の過程を意識した問題の場面設定，すなわち「どのように学ぶか」を踏まえた問題の場面設定が意図されています[10]。教師－生徒間，

生徒−生徒間の会話文が多く出題されていることがこれを象徴しています。

　次に，国語科における問題作成の方向性を確認しましょう。共通テストの国語では，近代以降の文章（論理的な文章，文学的な文章，実用的な文章），古典（古文，漢文）といった題材を多面的・多角的な視点から解釈したり，目的や場面等に応じて文章を書いたりすることが求められています。大問ごとに固定化した分野から一つの題材で問題を作成するのではなく，分野を超えて題材を組み合わせたり，同一分野において複数の題材を組み合わせたりする問題も含まれます。試行調査の問題に会話文や図表が多く含まれているのは，授業において生徒が学習する場面や，社会生活や日常生活の中から課題を発見し解決方法を構想する場面，資料やデータなどをもとに考察する場面等を想定してのことです。

　では，具体的な問題を見てみましょう。次に示すのは論理的・実用的文章として出題された大問のリード文です。

　次の【資料Ⅰ】は，【資料Ⅱ】と【文章】を参考にして作成しているポスターである。【資料Ⅱ】は著作権法（2016年改正）の条文の一部であり，【文章】は名和小太郎の『著作権2.0　ウェブ時代の文化発展をめざして』（2010年）の一部である。これらを読んで，後の問い（問１～6）に答えよ。

　ポスター（【資料Ⅰ】），著作権法（【資料Ⅱ】），著作権に関する文章（【文章】）を読み解いていく設問です。ここでも非連続テキストを含む複数テキストを横断的に読み解くことが求められています。たとえば，問6はポスターの空欄　a　を埋める問題です。本問は，連続テキストである課題文だけでなく，そこに含まれている非連続テキストである表を読み，さらにポスターや法令に横断的に目を通して，そこから必要な情報を取り出すことが求められています。従来のセンター試験では連続テキストのみを読むことが原則とされてきたことと比べると，新しい試みと言えます。

　一方，2021年に実施された第１回共通テストの問題を見てみると，課題

文とそれに関連する文章が提示され，複数テキストを横断的に読むこと，課題文を対象化して読むことが強調されています。たとえば第1問の問5では，課題文，芥川龍之介の文章，生徒のノートという複数テキストが提示され，それらを横断的に読むことで，妖怪というものを媒介にして描き出された「『私』という近代に特有の思想」という課題文の内容を読み解くことが求められています。第2問の問6では，課題文とそれに対する批評を読み比べることで課題文を批判的に読むことが求められています。この設問ではさらに，課題文で繰り返し登場する「羽織と時計——」という表現に対して，提示された批評とは異なる視点からの見

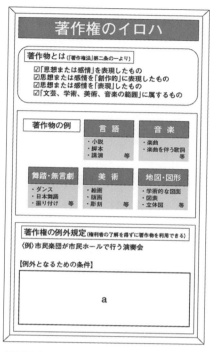

解を述べた選択肢を選ばせる設問があり，課題文だけでなく批評に対しても批判的に対象化して読むこと（批評の批評）を求めている点で意欲的な出題です。さらに，第3問の問5では課題文（『栄花物語』）で提示されたのと同様の状況が描かれながら，異なる返歌がなされている箇所が提示され（『千載和歌集』），それぞれの和歌の解釈が求められています。いずれの設問においても，課題文とそれに関連する文章が提示され，複数テキストを横断的に読むことや，課題文を対象化して読むことが強調されています。

　今回のテストで提示されている，ひとつの文章を批評や類似する文章と比べながら読み解くという取り組みは，高等学校における探究学習，ひいては大学における研究の基礎にもつながるものです。ある文章（text）が他の文章との関係においてどのように位置づけられるのかを踏まえて読む，すなわち文脈（context）に開かれた読みが設問内に織り込まれているという点が

共通テストの特徴であり，学習者・授業者にとっては普段の授業のあり方の示唆を得られるものであると言えます。

一方，第1回共通テストには，試行調査にあった条文や生徒会規約のような実用的文章や会話文に基づく設問は出題されておらず，非連続テキストもほとんど出題されていません[11]。もともと試行調査は，新しいタイプの問題を集中的に出題することや全体の正答率を50％程度にすること等，本番の試験とは異なる条件の下で行うとされていたため，これをもって「試行調査から変更された」とまでは言えません。しかしながら，ここまで見てきたとおり，日本の大規模学力テストは，PISAのような世界的な大規模学力調査や，その背景にある学力・能力観の推移，さらには国内の世論との緊張関係をもちながら，出題のあり方が検討されていることがうかがえます。次年度はもちろん，高等学校の学習指導要領が改訂される2022年度（次々年度）以降の問題がどのようなものになるのか，その動向を今後も注視する必要があります。

以上を踏まえると，共通テストではどのような問題が出題されるのかがいまだ確立されていないものの，現時点までの暫定的な特徴としては，複数テキストを横断的に読むこと，提示された文章を対象化して批判的に読むこと，探究的な学習をモチーフとする文章の読み深めのあり方が示されていることが挙げられます。

2 国語科の授業づくり

① 求められる学力

各テストで出題された具体的な問題を見ながら分析してみると，それぞれのテストに漏れなく含まれているとまでは言えないまでも，おおまかに共通する特徴が見えてきます。それは，①非連続テキストを含む複数テキストを横断的に読むこと，②文章を対象化して読むこと（批判的読み，評価・熟考など），③生活世界と文章の世界をつなげて読むことを求めるという特徴が

あります。では，これらのテストが求めている学力，すなわち PISA の場合は「リテラシー」，全国学テと共通テストの場合は「資質・能力」と銘打たれているものは，どのようなものなのでしょうか。

　まず PISA リテラシーについて見てみましょう。PISA を実施している OECD は，今後の社会において「民主的プロセス」や「連帯と社会的結合」，「人権と平和」，「差別のない社会と公正」，「生態学的持続可能性」などが重要となることを提起しており[(12)]，既存の社会に適応するだけでなく，それを批判的に洞察し・変革していく主体を育てることが企図されています[(13)]。

　そもそも PISA で測定されている「リテラシー」は，DeSeCo のキー・コンピテンシーの一部を対象としたものです。DeSeCo では表 2 － 1 のようにキー・コンピテンシーを定めています。PISA は DeSeCo キー・コンピテンシーの「道具を相互作用的に用いる」能力の一部を測定可能な程度にまで具体化したものを「リテラシー」として測っています。このような包含関係を考えると，PISA で測定されている「リテラシー」は，あくまでその背後にあるキー・コンピテンシー育成のためのものであることがわかります。日本では PISA リテラシーが他のキー・コンピテンシーと切り離され，「PISA 型

表2－1　OECD-DeSeCo のキー・コンピテンシー

カテゴリー	コンピテンシー
①道具を相互作用的に用いる	A．言語，シンボル，テキストを相互作用的に用いる B．知識や情報を相互作用的に用いる C．テクノロジーを相互作用的に用いる
②異質な人々からなる集団で相互にかかわり合う	A．他者とうまく関係を築く B．チームで協同して取り組む C．対立を調整して解決する
③自律的に行動する	A．大局的に行動する B．人生計画や個人的なプロジェクトを策定・実行する C．権利，利益，制約，ニーズを擁護・主張する

（OECD The *Definition and Selection of Key Competencies: Executive Summary*, OECD, 2006, pp.10-15より筆者訳出・作成）

学力」，「PISA 型読解力」，「活用力」といった形で初等・中等教育の現場に浸透し，キー・コンピテンシーのうちの指標化された一部だけが屈折して移入されてしまったことが指摘されていますが(14)，本来，PISA リテラシーは他のキー・コンピテンシーと相互関連性を保ちながら形成が図られるべきものなのです。

　一方，日本の「資質・能力」は2017年・2018年改訂の学習指導要領における骨格と呼べるものです。2016年中教審答申において提示された「知識・技能」「思考力・判断力・表現力等」「学びに向かう力・人間性等」という「資質・能力」の３つの柱は，この学習指導要領でも貫かれています。ここで「知識・技能」と「思考力・判断力・表現力等」が分けられている点は特徴的ですが，両者が簡単に分けられるものではないことには留意が必要です(15)。

　この点に留意した上で，では，国語科における「資質・能力」をどのように理解することができるのでしょうか。国語科教育という点で現代の「資質・能力」論に示唆的な研究として浜本純逸氏の学力構造論があります。浜本氏は国語における「学力」を「基礎学力」と「基本学力」に分けています。「基礎学力」とは，①言語事項の知識と活用力，②言語活動力（聞く力・話す力・読む力・書く力），③言語文化を享受し，創造する力です。一方，全教科で育てる「基本」に当たるものが，「認識諸能力」と「自己学習力」です。浜本氏は「基本学力」にあたる「認識諸能力」として「観察・感受・分類・比較・類推・想像・選択・分析・総合・構造化などの，認識に至る探究の過程に働く能力」を挙げています(16)。一方，「自己学習力」として，①学習意欲，②問題発見力，③学習構想力，④情報操作力（収集力・選択力・産出力・発表力），⑤自己評価力の５つです。鶴田氏は，「基礎」は各教科で教えるべき知識・技能としての「コンテンツ」（各教科で教えるべき学問的な概念・法則・原理・技術に当たる「教科内容」）であるとし，一方，「基本」は教科横断的な汎用的能力としての「コンピテンシー」であり，教科の枠を超えて共通に身につけさせるべき基本的な指導事項である「教育内容」だと

しています[17]。「資質・能力」の育成においては，コンテンツとコンピテンシーを切り離さず，両者を相互環流させて養うことが大切です。

② 指導のポイント

　では，これらのテストの根底に共通して求められている学力観を踏まえつつ，テストで測られる「学力」はもちろん，テストを超えて子どもたちが社会で生き抜く能力を獲得するために，授業づくりにおいて何ができるのでしょうか。主体性や対話が重視されている現在，学校では班やピアでの話し合いが積極的に取り入れられています。しかしながら，授業者が対話を促そうとしてみても，実際には対話が生まれていないグループワークも少なくありません。「子どもに任せればよい」「班で話し合いをさせていれば対話的だ」という安易な判断の下に班での話し合いが行われると，親しい友人の間で雑談的な駄弁りが発生するだけで，異質な他者との対話を通じて新しいことに気づき，主体的に何かを深めていく活動は生まれません。仮に楽しい「ワークショップ」になっていたとしても，授業が終わってみたら「さっきの授業，楽しかったけど，何を学んだっけ？」となり，「活動あって学びなし」の単なる活動主義に陥ります。親しい友人間の閉じた関係性で行われる駄弁りに終始する「話し合い」は，「主体的・対話的で深い学び」とは程遠く，むしろ「受動的で分断された浅い学び」と言わざるをえないのです。子どもたちの学びを「受動的で分断された浅い学び」にとどまらせず，真に主体性や対話を伴う深い学びを実現するには何に気をつければよいのでしょうか。以下，具体的な教育実践を手がかりに指導のポイントを見ていきましょう。

　まず高校における実践です。国語教育学者・藤原顕氏と高校教員・荻原伸先生の論考「深い学びを生み出すための豊かな教育内容研究」では，単元「和歌から言葉へ」が紹介されています[18]。ここでは百人一首にもとられている大江千里の和歌「月見れば千ゞにものこそかなしけれわが身ひとつの秋にはあらねど」が取り上げられ，単元の導入として千里の歌をモチーフにした現代歌人・沢田英史による「傘持たぬ時に限りて雨が降る我がうえにのみ

降るにはあらねど」という和歌が紹介されます。その後，「わが身ひとつ」というモチーフをとる4首の古典和歌の解釈についてのグループワークがなされ，教室空間全体を自由に移動しながら同じ歌を担当する者が解釈をすり合わせる時間が設けられます。逐語訳ではなく推論的に解釈すること，担当する和歌は異なってもグループ内の他者と協働的に解釈することが促されたことが奏功し，立ち話的な対話が生まれ，対話する集団が分裂と融合を繰り返す中で，生徒たちは解釈について積極的に語り合います。その後，元のグループに戻り「わが身ひとつ」をめぐる和歌の共通性についての解釈を交流します。大江千里の歌が白居易の漢詩と歌の解説文とともに示され，複数テキストをまたぎながら，千里の歌や「わが身ひとつ」というモチーフの解釈が深められていきます。これらを踏まえた上で，千里の歌の下の句を理屈っぽくて蛇足だと批判した正岡子規の言葉が提示され，千里の歌や子規の主張に対する批判的な読みが実践されています。

　ここまでの一連の授業の流れを通して，生徒は「わが身ひとつ」というモチーフに見出される人間の根源的な孤独感とそれゆえの自他認識に気づいていきます。また，子規の批判に同意であれ不同意であれ，千里の歌を子規の批判と関連づけて再解釈することが促され，歌とは何かについて考えるきっかけを得ることになります。生徒たちから出された「上の句の感情的なところと下の句のそうではないところが対照……『理屈である』ということは正しいが，大江千里の歌は下の句によって成功している」や「和歌には寄物陳思という言葉があるように感情が大事……下二句が理屈になっているということは歌としておもしろみが少し欠けているんじゃないか」という言葉には，認識の深化の様子がうかがえます。

　この実践記録からは，ここまで述べてきた複数テキストの比較読みや批判的読み，テキストを対象化して生活世界と結びつける試みがなされていることがわかります。また，この実践記録では教育内容研究が「主体的・対話的で深い学び」を促すという点が強調されています。この実践では，「歌はそもそも何を読むのかという根本的な問い」を「『わが身ひとつ』というモチ

ーフをとる千里の歌への子規の批判は妥当かという問い」の形式で生徒に具体化して提示することで生徒の思考と理解を促していますが，こうした問い，すなわち学びの課題のあり方について藤原氏は，ウィギンズとマクタイの「本質的な問い」がもつ入れ子構造(19)を援用して説明しています。すなわち，授業者の教科内容に関する深い理解・研究と，それを子どもに提示するための教育方法知（多くの場合，実践家にとっては暗黙的な知）に支えられて，「主体的・対話的で深い学び」が実現されるのです。

　次に小学校での実践です。ある小学校で行われた「ごんぎつね」の授業で，その最後の場面を読んでいるときに，「兵十の家に〈物置〉と〈なや〉があるのはおかしいよ」という声が上がりました(20)。教科書本文には確かに〈物置〉と〈なや〉が併記されていますが，「物置にいた兵十がなやに火縄銃を取りに行っている間にごんは逃げてしまうから」，「兵十の家は貧しいんだから，物置もなやもあるのはおかしい」「わたしの家なんか，3LDK ひとつ。わたしの家より大きい」という声が子どもたちから出されました。あとで調べてみると，実は原文ではすべて納屋であったことがわかりました(21)。子どもたちは自分たちの発言をきっかけにして，教科書の記述を批判的に読むことを学んだのです。教科書の描写に対して疑問を投げかけた子どもたちのあり方は，文学作品の中にある世界を自分の生活世界とつないで考えることができています。

　この実践では，子どもたちから出た疑問の声を共同研究者が図書館にあった『校定新見南吉全集』で調べ，教師が子どもたちに伝えるというプロセスを経ていますが，より「主体的・対話的で深い学び」とするならば，子どもたちが協働して調べるのもよいでしょう。そうすれば，子どもたちは教科書と作者の草稿を比べ読みし，その記述の違いに気づくというところまで自力でたどり着けます。子どもたちの疑問がテキスト・クリティークに発展すれば，アクティブかつ豊かな探究学習へとつながります。

　このような活動のためには，教師による支援が不可欠です。子どもが突然「『校定新見南吉全集』に当たってみよう！」と思いつくのは難しいでしょう

から，そこには教師による指導・支援が必要であり，教師の側にはそのための「用意」が求められます。ここでいう「用意」とは，出された疑問に当意即妙に答えるための情報や技術をあらかじめ調べておくという単発的・短期的な用意ではなく，子どもたちから出てきた疑問をどのように拾うか，どのように調べたらいいと提示するかを常に探究しておくという連続的・長期的な用意です。また，このような探究的な学習のためには，探究することが馬鹿にされず，協働して粘り強く考えることが共有されている学級文化が必要です。そのためには，一つの教科内にとどまらず，「総合的な学習（探究）の時間」における教科横断的な学びや特別活動を活かすようなカリキュラム・マネジメントが鍵となります。

③ 評価のポイント

　では，ここまでで述べたような指導を実現するには，どのような評価のあり方が望ましいのでしょうか。まず，評価を通して子どもたちを伸ばすためには，形成的評価と総括的評価を分けて考えることが必要です。形成的評価とは，子どもが学習やプロジェクト等に取り組んでいる途中で，学習者が自分の理解状況を把握するためになされる評価です。授業中の班活動において，机間指導をしながら先生が行うフィードバックがその一例です。形成的評価には，教師による指導改善だけでなく，子ども自身による学習改善の支援を目指す「学習のための評価」という性格があります。これに対して，実践の終わりに発展性を含めた学力を総体として捉えるものを総括的評価と呼びます。たとえば，大学入学のための選抜機能を担い，高校までの学習の総まとめテストとしての性格をもつ共通テストは総括的評価としての性質が強いものです。このようなテストの相似形として日々の学校生活における評価を捉えると，教室における評価活動は「教育」ではなく，単なる「選抜」に陥ってしまいます。「評価」という言葉が，なんとなく子どもに対する「値踏み」のようなネガティブな意味で捉えられる風潮があるのも，形成的評価と総括的評価を混同しているところに一因があります。子どもたちの学びを促進す

るためには，形成的評価によって，その子どもの理解度や現状を，他者である教師や別の子どもがフィードバックすることが有用です。

　国語における形成的評価の代表的なものとして，子どもが書いたものを評価することが挙げられます。近年では，多くの学校において授業の最後に「ふり返り」を書くことが採用されています。「ふり返り」では，その授業を通して何を学んだかを書くように指示され，学んだことを言語化したり，子どもの成長を見取ったりするための材料として用いられています。学んだことを言語化する取り組みは，自分自身の学びを対象化し，何を学んだかを省察する契機となる点で有用です。

　このとき気をつけたいのが，「ふり返り」が単に感想を書くだけでなく，次の改善につながるものになるように教師が指導・支援することです。授業の最後に「ふり返り」を書くことが定型化・作業化すると，省察は生まれません。たとえ漫然とした「ふり返り」活動であっても子どもは自然と有意義な「ふり返り」に至る，子どもはそのような隠された可能性を秘めていると考えるのはロマンチックな考え方ではありますが，見方を変えれば指導の放棄であり，できる子とできない子の格差拡大の助長にもなりかねません。自然体で「ふり返り」を書くだけで自己の学びを対象化ができる人は，学びの熟達者と言えますが，それは誰もが自然とできることではありません。学びの途上にいる子どもたちにとって「ふり返り」を省察として機能させることは自明なことではないのです。必要なのは，書くことが学習過程の中に位置づけられることで，「ふり返り」を書く意義が共有され，今の自分の認識の改善に一石を投じる「ふり返り」を子ども自身が自律的に行えるように教師が指導・支援することです。その方法の一つとして，「ふり返り」をやりっぱなしにせず，的確なフィードバックを行うことが挙げられます。

　ただし，「学習のための評価」として教師から提供された評価結果やフィードバックを子どもたちが学習支援のためのものとして受け取るとは限りません。学習改善のための情報が教師から子どもに提供されたとしても，それを子どもが理解して活かす学習行動をとらなければ，形成的評価はその目的

を達成できません[(22)]。子どもからの提出物や作品に教師が必死になって赤入れをし，丁寧な言葉で長大なコメントを書いても，必ずしも子どもたちがそれを活かせるわけではないのです。フィードバックが活用されるためには，フィードバックを読みほぐし，それを活かすための鑑識眼を子ども自身に感得させる必要があります。そのためには，単なる言葉かけだけのフィードバックではなく，学ぶという営為を学級という共同体の中で感得する学習共同体に参画すること（認知的徒弟制）が必要です[(23)]。そうすれば，書くことで省察が発生する可能性へと開かれます。

【注】

（1）中村高康「『入試を変えれば教育が変わる』という発想こそ変えよ」『中央公論』2020年，pp.90-97。

（2）濱中淳子「入試改革の迷走」『教育学研究』第87巻第2号，2020年，pp.14-25。

（3）国立教育政策研究所「OECD 生徒の学習到達度調査2018年調査（PISA2018）のポイント」2019年，p.4。https://www.nier.go.jp/kokusai/pisa/index.html

（4）有元秀文『必ず「PISA 型読解力」が育つ7つの授業改革』明治図書，2008年，p.17。

（5）犬塚美輪・椿本弥生『論理的読み書きの理論と実践：知識基盤社会を生きる力の育成に向けて』北大路書房，2014年，p.51。

（6）八田幸恵「国語の学力と読解リテラシー」田中耕治編『新しい学力テストを読み解く』日本標準，2008年，p.58。

（7）本稿を執筆した際の最新年度（2020年度）の全国学テは，COVID-19感染拡大の影響により取りやめられたため，ここでは2019年度実施のものに基づいて分析している。

（8）鶴田清司『授業で使える！論理的思考力・表現力を育てる三角ロジック』図書文化，2017年。

（9）ただし，ここでの「理由」については，必ずしも「根拠」のみから導出されるものではないことには留意が必要である（たとえば，言葉の解釈や言語の運用において社会的・日常的に緩やかに共有されている解釈・推論のルールに基づいている）。

（10）大学入試センター「『大学入学共通テスト』における問題作成の方向性等と本年11月に実施する試行調査（プレテスト）の趣旨について」2020年，p.3。https://www.dnc.ac.jp/news/20180618-01.html

（11）試行調査で提示された会話文に対しては，その不自然さが指摘されたり（紅野謙介『国語教育の危機』筑摩書房，2018年），日常性が持ち込まれると地域差が生じたりすることで，結果として測りたい能力を測れなくなるのではないかとの懸念も提示されている（大塚雄

作「共通試験の課題と今後への期待」『名古屋高等教育研究』第20号，2020年）。

(12) ライチェン，D. S., サルガニク L. H. 編著， 立田慶裕監訳『キー・コンピテンシー』明石書店，2006年，p.144。

(13) 樋口とみ子「リテラシー概念の展開」松下佳代編『〈新しい能力〉は教育を変えるか』ミネルヴァ書房，2010年。一方，近年の PISA リテラシーは「仕事のためのリテラシーと経済効果への貢献度の強調」によって「内容的知識やポリティクスの視点を捨象し，グローバルに共通すると仮想的された機能的リテラシー」に傾斜していると批判されている（松下佳代「PISA リテラシーを飼いならす」『教育学研究』第81巻，第 2 号，2014年，p.23）。

(14) 松下佳代「〈新しい能力〉概念と教育」松下佳代編『〈新しい能力〉は教育を変えるか』ミネルヴァ書房，2010年。

(15) 松下佳代「資質・能力とアクティブ・ラーニングを捉え直す」グループ・ディダクティカ編『深い学びを紡ぎだす』勁草書房，2019年。

(16) 浜本純逸『国語科教育論』渓水社，1996年，p.45。

(17) 鶴田清司『教科の本質をふまえたコンピテンシー・ベースの国語科授業づくり』明治図書，2020年，p.26, 28。

(18) 藤原顕・荻原伸「深い学びを生み出すための豊かな教育内容研究」グループ・ディダクティカ編『深い学びを紡ぎだす』勁草書房，2019年。

(19) ウィギンズ，G., マクタイ，J. 著，西岡加名恵訳『理解をもたらすカリキュラム設計』日本標準，2012年。

(20) 豊田ひさき『生活綴方教師　宮崎典男の授業づくり』一莖書房，2011年，pp.74-78。

(21) 新見南吉が17歳の時に『赤い鳥』に掲載してもらおうと送った草稿では全編納屋になっており，物置が一度も出てこないため，『赤い鳥』掲載にあたって編集長の鈴木三重吉が南吉の原稿を大幅に改稿したことに伴う修正ミスであるとされている。

(22) Sadler D. R., "Beyond Feedback," *Assessment & Evaluation in Higher Education*, Vol. 35, 2010, pp.535-550.

(23) ここでは「学級」という共同体を例示しましたが，より大きくは人類という共同体において行われてきた知的活動を地域社会，学校，学級のような共同体内で模倣的に経験することが考えられる。

（森本　和寿）

2 社会科における学力テスト分析と授業づくり

思考する機会の保障を目指して ::

POINT

- ✓近年の社会科の学力テストでは，膨大で細かな事実的知識よりも概念的知識や思考力が求められる傾向にある。
- ✓よりよく社会で生きるために必要な深い思考力を育てるためには，日々の授業の中で思考する必然性を意図的に組織する必要がある。
- ✓高次の学力を評価するためには，そのパフォーマンスを十分に捉える課題の開発が重要であり，また形成的評価としても用いることが望ましい。

1 社会科におけるテスト分析

　近年，国内外において様々な学力調査が行われています。たとえば，OECD による PISA や IEA による TIMSS，国内の全国学力・学習状況調査（全国学力テスト）などです。国内の教育政策や教室での実践が，このような大規模調査によって少なからず影響を受けているという状況把握に異論はないでしょう。しかしながら，過去に行われていた教育課程実施状況調査（2001年度および2003年度実施）では社会科の調査も含まれていたものの，現在行われているこの種の大規模調査は国語（言語）や理数を対象としたものが多く，社会科に関するものは直接的には扱われていません（ただし，地方学力テストでは地域によって社会科の問題を設けている場合もあります）。では，社会科の実践は大規模な「テスト」から完全に自由だと言えるのでしょうか。そうとは言えません。なぜなら，社会科に限ったことではありませ

んが，入試も見据えて授業づくりをしようとすると，入試問題の内容と形式にある程度規定されることになるからです。授業づくりの核となる「学力とは何か」という問いは，教師が意識的であるかどうかは別として，入試問題の存在を無視することができないのです。

　主として中等教育の社会科における授業づくりや入試問題に関して21世紀における最も影響力を及ぼしたターニングポイントは，2006年に表面化した世界史未履修問題（以下，未履修問題）に求めることができます。翌年の2007年４月に日本学術会議に「高校地理歴史科教育に関する分科会」が設置されて，この分科会のメンバーが中心となって未履修問題に対する原因の究明と解決策の模索が本格的に行われました。調査の結果，問題の背景には，少ない授業時数や暗記力を問う大学入試問題などの制約が強く働いていたことや，このような制約によって知識詰め込み型の授業が一般化しており，子どもの「世界史離れ」が進行していたことが明らかになりました[1]。このような実態把握の上に，この分科会は，中等教育の社会科では，従来一般的に行われてきた知識の詰め込みではなく，思考力の育成を目指すべきだという指針を示しました。思考力重視の学力観の転換やそのような学力を育てるための学習者主体の授業づくりという発想は，社会科に限らないPISA後の教育言説や教育政策とも親和性が高く，これまでこのような改革に対して腰が重かった中等社会科を大きく動かしました。その結果，2018年改訂の高等学校学習指導要領では，課題解決の活動を通して思考力育成を目指す「地理総合」と「歴史総合」という科目が新設されました。また，これまでの大学入試センター試験（以下，センター試験）に代わる大学入学共通テスト（以下，共通テスト）の内容と形式に関しても，提言の中で大学入試問題が細かくマニアックな知識を問うような問題のみで構成されている点が問題視されたことが反映されています。このように，2006年の未履修問題を起点に，教室での実践のあり方に影響を与える学習指導要領ならびに入試問題に抜本的なメスが入ったのです。そこで本稿では，2017年度・2018年度に行われた大学入学共通テスト試行調査（以下，プレテスト）を手がかりに，具体的

に共通テストではどのような学力が想定されて作問されうるのかをまず確認していきます。

　プレテストの目的は，センター試験に関する既存のデータでは蓄積されていないタイプの問題の解答傾向などを調査することにあります。この調査問題では，「探究の過程等の設定（授業において生徒が学習する場面の設定や，社会生活や日常生活の中から課題を発見し解決方法を構想する場面の設定，資料やデータ等を基に考察する場面の設定など）を通じて，知識の理解の質を問う問題や思考力，判断力，表現力を発揮して解く問題を，各科目におけるすべての分野で重視」すると明記されています。そのため，各教科における「作問のねらいとする主な『思考力・判断力・表現力』についてのイメージ等」も示されています。このような意図が実際にどのような問題として具現化されているのかを，従来のセンター試験においてとりわけ膨大な事実的知識を要求してきた地理歴史科の世界史と公民科の倫理の問題を見ることで明らかにしてきましょう。

① 大学入学共通テスト—地理歴史科・世界史の場合—

　日本史と世界史を含めた「歴史」における思考力・判断力・表現力についての上述した作問イメージは，見取りたい学力の観点を「考察・構想」と「説明」に大きく分けて描かれています。「考察・構想」では「歴史に関わる諸事象等の意味や意義，特色や相互の関連について，概念等を活用して多面的・多角的に考察することができる」と「歴史に見られる課題を把握し，その解決に向けて構想することができる」を挙げています。他方で「説明」は「考察したことや構想したことを適切な資料・内容や表現方法を選び効果的に説明したり，それらを基に議論したりすることができる」と説明されています。その上で，これらの観点に基づいて作問可能なように，より具体化したものもいくつか記されています。そのポイントを要約すると「資料を読み取ること」「概念的知識を用いること」「時空間および事象のつながりを把握すること」「根拠を明らかにしながら論理的に説明すること」であると言え

ます。このような見方はこれまでの学習指導要領の目標で掲げられていることとも大きく重なります。では，従来のセンター試験ではこのような学力は測られていなかったのでしょうか。

　センター試験では，冒頭に興味深い史資料や記述が掲載されていても，それらは単なるリード文の役割以上のものではなく，正誤問題や空欄補充による事実的知識の記憶再生を問う問題がほとんどでした。さらに，これらの問題は，たとえば「①南京条約─康熙帝，②南京条約─雍正帝，③キャフタ条約─康熙帝，④キャフタ条約─雍正帝」という選択肢が与えられた上で「1727年に結ばれた条約の名と当時の清朝の皇帝の名の組み合わせとして正しいものを選べ」といった，問いと答えの距離が非常に短い一問一答式の問題が多くを占めていました。つまり，センター試験では，史資料を読み解く問題や歴史を大観する問題，抽象的な概念的知識や原理を問う問題はほとんど見られなかったのです。したがって，作問の意図を踏まえて，上記のセンター試験の課題がどれほど乗り越えられているのか，また依然としてどのような課題が残っているのかに着目して2017年度のプレテストを分析していきたいと思います。

　まず全体的な傾向として史資料の数がかなり多くなっています。その上，文字資料や地図だけではなく，絵画やグラフや系図など種類も豊富になりました。また重要な点として，センター試験のように史資料が単なる設問のためのお飾りではなく，その史資料の読解や複数の史資料を比較する問題が出題されています。たとえば，史資料の読解問題として，第4問の問1（解答番号19）は，「正統カリフの継承図」「ローマ皇帝の系図」「カペー朝の系図」「モンゴル帝国君主の系図」が示されて，架空の子どもたちの会話の中で何の資料を指しているのかを読み取る問題です。この問題は，ローマ皇帝やモンゴル帝国君主の継承方法についてたとえ知らなかったとしても，提示された資料を分析することで解答することができます。また，資料2－3の問題（解答番号24）のように，絵画から読み取れることと絵画が描かれた時代の知識を組み合わせる問題もあります。ただし，ここで注意しなければ

資料2-3 プレテストの問題例（解答番号24および11）

問6　下線部③に関連して，当時の社会の状況について述べた文a・bと，当時の家族観について述べた文あ・いとの組合せとして正しいものを，下の①〜④のうちから一つ選べ。　24

当時の社会の状況

a　国王は「君臨すれども統治せず」を原則とするイギリスでは，王室に，国民生活やイギリス社会の手本を示す役割が期待されていたと考えられる。

b　ドイツ皇帝が打ち出していた世界政策への対応を迫られていたイギリスでは，王室に，イギリスの強さを示す役割が期待されていたと考えられる。

当時の家族観

あ　この肖像画の背景には，女性が良き妻・母であることを理想とする家族観があると考えられる。

い　この肖像画の背景には，戦争による労働力不足を補うために，女性も工場など家庭の外で働くことが望ましいとする家族観があると考えられる。

① 　a ― あ
② 　a ― い
③ 　b ― あ
④ 　b ― い

B　次の図は，前4世紀から20世紀末までの2300年余りにわたる中国の人口の推計値を，折れ線グラフにしたものである。このグラフに示されている人口動態は，歴代の王朝交替のたびに人口の増減を繰り返しながら，長期的には人口規模を拡大させてきた中国社会の特質を，よく映し出している。

問5　グラフ中のX・Yの時期には，人口減少が見られる。その原因や，人口減少という状況に対して取られた対応について述べた文として最も適当なものを，次の①〜④のうちから一つ選べ。　11

① 　Xの時期は，大規模な反乱をきっかけとして，政治・社会の安定が失われたことが原因の一つと考えられる。

② 　Xの時期には，現住地で所有している土地・資産に基づいて課税する税制が導入された。

③ 　Yの時期は，外国遠征の失敗や大運河の建設負担によって反乱が広がり，王朝が倒れたことが原因の一つと考えられる。

④ 　Yの時期には，戦争捕虜を奴隷として使役する大農場経営が行われた。

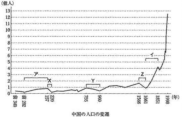

中国の人口の変遷

（葛剣雄・曹樹之『中国人口通史』より作成）

98

ならないことは，前提となる知識をもっていなくても読み解ける解答番号19にせよ，知識と読解を問うている解答番号24にせよ，歴史的知識を用いながら史資料を読解する力を見取る問題にはなっていないということです。この点について五十嵐学氏は，「たんなる知識の暗記ではなく，是非とも資料を活用させたいところであるが，知識を求めずに解答させようとすると，それは資料を読み込む国語力の問題になってしまう，あるいは読めばだれでもわかるという極めて平易な問題になってしまう。一方でプレテストでは，資料を読むことと設問が切り離されており，資料読解と知識はほとんど無関係の状態になってしまっている」[2]と批評しています。

　もう１つ特徴的な点は，一国史内における短期的な事象の関係性を問うだけではなく，歴史人口学やグローバル・ヒストリーなどの歴史学の現代的動向を踏まえた時空間のひろがりを対象とした問題も含まれていることです。たとえば，約2300年にわたる中国の人口変動のグラフを資料とする第２問の問４（解答番号10）および問５（解答番号11：資料２－３）で，グラフの中で人口が増加した時期と減少した時期の要因やその対応を説明する問題があります。これらの問題は，出来事の個別的な名称を選ぶのではなく，説明を選ぶ点においても特徴的です。つまり，具体的な名称を覚えておく必要がない代わりに，その出来事を説明できるように意味を理解しておくことが求められています。この問題からは，歴史的事象の意味を理解していることと歴史を大観する力が今後ますます重要になってくることがわかります。

　以上，世界史の問題分析を通して，歴史的知識に基づき史資料を読解するということは依然として十分に測定できていないものの，史資料を読み取ることや歴史的事象の意味を理解することや歴史を大観することが，センター試験と比べて重視されていることを示してきました。次に同様の視点で公民科の倫理の問題も見ていきましょう。

② 大学入学共通テスト―公民科・倫理の場合―

　倫理も世界史と同様に，「考察・構想」と「説明」からなる思考力を問お

うとしています。従来のセンター試験の問題では，著名な思想家や哲学者の名前と代表的著作およびキーワードを紐づけて記憶していると解答できる問題がほとんどでした。つまり，思想の意味の把握はそれほど求められていなかったのです。

　この点，プレテストでは，出題方法を工夫することでこの課題を乗り越えようとしていることがわかります。たとえば，第１問の問７（解答番号７・８・９・10）は，７では「天国」「空」「非攻」「梵我一如」から概念を１つ任意で選び，続く８では自分が選んだ概念に関する資料を選択し，９ではその資料の説明，10ではそれらから導き出せる現代に生きる我々にとっての指針として一般化することを求めています。この設問は，知識の網羅よりもある概念の深い理解を求めることと，先哲の思想から現代的意味づけを引き出すことを求めている点で，センター試験には見られなかった特徴だと言えます。

　また，第３問の問４（解答番号27・28・29・30）と問５（課題番号31）は，認識をめぐる論争的な立場があることを取り扱った資料を読み，各立場の人物や考えを選ぶ問題と，時代は異なるものの同様の思想的立場であった人物とその考えを選択する問題です。この種の問題は，各人物の代表的な著作やキーワードを覚えておくだけでは不十分で，大きな思想的な潮流を理解した上で，スタンスを明確にしておくことが求められます。このような思想的立場や対象領域を横断するような考察は，ロックの所有権を中心に展開された第４問でも要求されています。つまり，第４問では，前半は生命や身体の所有の権利をめぐる倫理的問題についての理解が問われ，後半ではそのような倫理的問題と対比して環境倫理について考えることが求められています。

　したがって，倫理では，任意で概念を１つ選択してそれを掘り下げていくという出題方法に表れているように事実的知識の網羅を越えて概念的知識として理解しておくことや，「認識」や「権利」などの哲学的テーマに関する立場の違いに着目して各思想家をマッピングしておくことがこれまで以上に求められていると言えます。センター試験で多くの細かな事実的知識を要求

してきた世界史と倫理は，プレテストでは共通して本質的で重要な概念を大掴みに，そしてダイナミックに理解しておくことが求められるようになったと評価できます。また事実的知識の網羅を乗り越える方略として，相対的な差異ですが，世界史の場合は史資料の読解，倫理の場合は深く掘り下げていく考察を求めるような問い方を重んじていることを見て取ることができます。

　高校の教師である加藤将氏が「プレテストを受け，授業の改善が必要になってくる。教科書を活用し，『教科書本文に書かれていることは，どの資料を根拠にしているのだろう』『教科書の記述以外の見方がある』『この出来事を，いくつかの資料から読み比べよう』などという形で，知識を獲得する時間と，調べる，考える，まとめるといった生徒が探究する時間に変わるかもしれない」[3]と述べるように，プレテストおよび2021年から実施された共通テスト[4]は，学習指導要領以上に現場の教師に対するメッセージとして機能するかもしれません。ここで改めて確認しておきたいことは，このような思考力重視の方向性は，未履修問題後に行われた綿密な実態調査の上に提案された抜本的な改革方針の延長線上に現れてきたということです。したがって，思考力を育成する実践は，新しい入試問題で求められているからということ以上に，網羅と暗記を原因とする「社会科嫌い」という日本の子どもの実態把握の上に模索された「1つの」解決の糸口として主張されたということを意識しておくことが重要だと言えます。なぜなら，このように捉えておくことで，目の前の子どもたちと向き合って，入試問題で問おうとしている限定的な学力の定着を越えた個性的で豊かな学びを保障するための授業づくりを柔軟に行う必要性に気づかされるからです。

2　社会科の授業づくり

　ここまで授業づくりにとって完全には切り離すことができない入試問題においても思考力が重視されつつある傾向を示してきました。このような思考力に関しては，2017・2018年改訂学習指導要領で「見方・考え方」という

言葉で議論されているものとも大きく重なります。したがって，これから検討していく授業づくりに関する内容は，大学入試と直接的に関係している高校だけではなく，小学校や中学校の社会科実践も当然射程に入っています。このような動向を踏まえて，以下では，事実的知識の習得に終始しない学力を育成するための授業づくりを，多肢選択型のテストで問うことができる学力の限界も視野に入れつつ，理論と実践を通して探っていきます。

① 求められる学力

　前述したように，現在の中等教育における社会科の改革は，未履修問題とその解決の延長線上に位置していると言えます。そのため，最も集中的に議論されてきた学力に関わる用語は「歴史的思考力」です。したがって，ここでは「歴史的思考力」という用語に着目して，社会科における高次の学力の内実を模索していきます。ただし，同型の議論が地理や公民の分野にも当てはまるだろうと筆者は考えています。

　「歴史的思考力」という言葉は，未履修問題以後にとりわけ光が当てられて理論的かつ実践的な研究が進められてきたものの，概念自体の歴史は古く，1951年改訂学習指導要領の世界史の目標にはすでに「世界史の発展と動向とをくりかえし理解することによって，歴史的思考力を訓練し，現代社会の諸問題を理性的に批判し，正確に判断する能力を養うこと」とあります。研究史としては1950年代に隆盛を極めた歴史意識研究の一領域として歴史的思考力の実態調査が行われてきたこともありますが，再び子どもの学力として注目されるようになるのは，「新しい学力観」やPISA型学力が謳われた1990年代から2000年代初頭においてです。その背景には，目標として「歴史的思考（historical thinking）」が類型化され示された『世界史ナショナル・スタンダード（National Standards for World History）』（1994年）の紹介や，歴史的思考力の育成を目指した加藤公明氏の「考える日本史」実践のインパクトがあったと思われます。このような土台の上に，2006年以降，歴史的思考力という言葉が社会科教育改革の言説に登場し，広く学校現場にも知ら

れるようになったのです。

　歴史的思考力をどのように捉えるかをめぐっては，大きく２つの立場に分けることができます。１つ目は知識カテゴリー重視で，２つ目は認知カテゴリー重視の枠組みです[5]。

　知識カテゴリー重視の枠組みとは，学習指導要領の「見方・考え方」の捉え方にも影響を与えているウィギンズ（G. Wiggins）らの「知の構造」に代表されるものです。それは，知識を具体的なものから抽象的なものへ，つまり個別具体的な知識から様々な文脈で転移可能な知識へと階層化された枠組みです（第１章5参照）[6]。原理的な知識は事象を認識し意味づけるためのレンズになるのです。同様の考え方で，歴史的思考力を高度な概念的知識に求める見解は，未履修問題後に発足した高大連携歴史教育研究会の議論にも見られます。この研究会の桃木至朗氏は，歴史的思考力を「語学の基本文型や数学・理科の定理・公式，あるいは囲碁・将棋の定石・定跡（格言や手筋）に似た役割」を担う歴史のパターン化された抽象的な知識（「歴史の基本公式」）として捉えています[7]。歴史の基本公式は，大きく「歴史学の概念・論理」と「歴史のパターン」に分類されます。たとえば，前者の１つは「史料（記録・資料）に書いてあることはすべて事実とは限らないので，使える情報と使えない情報を見分けるためには，資料の性質や由来，オリジナルな情報を含むか単なる伝聞や引き写しか，書かれた目的や想定する読み手などを吟味する（史料批判）必要がある」という命題です。また，後者は「自由と発展」に関するものを例に取れば「すでに発展した国家・社会が比較的自由であるのに対し，追い上げをはかる後発の国家・社会は強制的（独裁的・権威主義的）な支配構造になることが多い（例：啓蒙専制君主，開発独裁政権）」といった知識のことを指しています。このように知識カテゴリーを重視して歴史的思考力を捉えると，教育目標は「ある重要な概念的知識を理解すること」ということになります。各単元末における「こうなってほしい（〜を理解していてほしい）」という望ましい子どもの姿が明確になるため，教育目標と一貫した中長期的なカリキュラムや単元設計および評価課

題の作成が容易になります。つまり，たとえば「自由と発展」の前述した公式を理解することを目指してひとまとまりの学習（単元）が設定され，単元末に子どもたちがこの公式を理解しておくために求められる各時間の授業内容が構想され，それを見取るための評価課題（このような知識の深い理解を見取るためには後述するパフォーマンス課題が有用）が考案されるのです。

　他方で，認知カテゴリーを重視して歴史的思考力を捉える立場には，代表的なものとしてアメリカのナショナル・スタンダードにおける「歴史的思考」の項目や加藤氏による歴史的思考力の把握があります。ナショナル・スタンダードの「歴史的思考」は，「年代的思考」「歴史の理解」「歴史分析と解釈」「歴史探究の能力」「歴史上の争点の分析と意志決定」の5つの大項目とその内にある34の小項目からなります[8]。各大項目の冒頭には「生徒は次の〜をすることができるべきである」と記され，各小項目が「年表に示されたデータを解釈する」や「競合する歴史叙述を比較する」のようにリストアップされています。ここで注目すべきは，すべて「解釈する」や「比較する」などの動詞で記述されている点です。動詞で記述されていることから，これらが学習者である子どもの認知様式の分類であることがわかります。極端に言えば，この立場は，ある固定的な認識内容を身につけることは求めず，認知の精度を高めることを目指します。

　また，加藤氏は，求められる歴史的思考力に関して「多くの確かな事実を踏まえ，論理的な思考を武器に，その歴史的真実をねばり強く追究する意欲と，あくまでも自分の頭（知識・体験・感性・思考パターン）を使って，個性に応じた歴史認識を作る能力」[9]と説明しています。これは「なるべく多くの史料や確かな事実に基づいて考えること（実証性）」「論理的・統一的に考えること（論理性）」「人まねではなく，自分の知識や感性を使って，自分の頭で考えること（個性・主体性）」という3観点から成り立っています[10]。このように認知カテゴリーを重視して歴史的思考力を捉えることによって，歴史的思考力を育てるためには，授業中に子どもがそのような認知を働かせる機会が保障されていなければならないということに気づかされます。その

ため，授業の中で子どもが思考せざるをえない状況を生み出すための教材や発問，そして学習活動の工夫に意識が向かうことを促します。

　以上，歴史的思考力に着目して社会科における高次の学力をどのように捉えることができるのかを見てきました。それは，知識カテゴリーに注目すれば，個別の事象を越える転移可能な原理的知識であり，認知カテゴリーに注目すれば，実証性や論理性を備えた「解釈する」や「比較する」といった認知面の能力ということになります。ただし，両者の特性の差異を意識した上で，歴史的思考力を空疎な認知的処理に還元しないために，統合的に把握する必要があります。したがって，社会科において求められる高次の学力は，深い社会認識を伴う高度な認知的能力であるとまとめることができます。このような学力は，多肢選択型の共通テストで測ろうとしている思考力以上のものを含みますが，結果として共通テストにも対応するような，目指すべき1つの学力の内実であると言えるでしょう。

　ここでさらに一歩進んで，一律の学力テストや評定のための総括的評価には馴染まないものの，育てていくことが求められるだろう学力についても言及しておきます。それは，これまで見てきたような学力における認知領域ではなく，情意領域です。つまり，生き方や知的な態度のことです。社会科が市民としてよりよく生きていくための力の一部を育てていく教科だと考えると，このような学力の情意領域も視野に入れる必要があります。そもそも加藤氏は，歴史的思考力を育てることが歴史教育の最終的なゴールだとは考えていません。そうではなく，社会的な生き方を根本で支えている意識の1つである歴史意識（他には社会意識や政治意識など）を豊かにすることを目指しています。歴史意識は個人の思想や価値観に根ざしているものであるため最大限に尊重されるべきですが，それが「なんでもあり」にならないように，歴史意識の土台としての歴史認識を科学的にしていくことの必要性を説いています。そこで求められるものが，上述してきた歴史的思考力なのです。したがって，個人の思想形成を重んじつつ歴史意識を豊かにしていくためには，教科の授業では直接的に生き方に働きかけるのではなく，歴史認識を科学的

に深めていくことが求められているのです。つまり，社会科では，よき市民としての生き方に関わる情意面を育てることも見通しつつ，授業の中では歴史的思考力や地理的思考力のような深く多様な認知面をしっかりと育むことが重視されるべきだと言えるでしょう。

② 指導のポイント

　社会科固有の確かな思考力を育てるための授業づくりのポイントはどこにあるのでしょうか。以下では，指導と評価のポイントについて，知識カテゴリー重視と認知カテゴリー重視の実践例をそれぞれ示しながら説明していきます。前者はウィギンズらによる「逆向き設計」論を踏まえて単元設計ならびにパフォーマンス課題を作成した根津亮介氏の小学校の実践[11]で，後者は加藤公明氏の高校における日本史の実践です。

　加藤氏の一連の実践は「考える日本史」実践と称されているものです。この命名からも示唆されているように，子どもたち自身が史資料に立ち向かい，思考して実証的かつ論理的で個性的な歴史像を描くことを目指しています。より科学的な歴史認識へ深めていくために討論という学習活動を組織していることも特徴的です。たとえば，代表的な「加曾利の犬」という実践は次のように展開されます。まず地域の加曾利貝塚から出土した完全遺体の犬の骨の写真を提示して，この犬が当時どのような役割を担ったのかを問い，子どもたちが「猟犬説」や「番犬説」などの仮説を生成します。その後，同じ説の者同士の班が組まれて，班で話し合いをしたのち自説の妥当性を教室全体に発表します。そして，全体で他の班の仮説の妥当性を相互に批判したのち，再び班で自説を擁護するために，図書室や博物館へ赴き，反批判の準備をします。最後に，最も妥当な解釈であると思われる説を投票で決定するという流れです。このような討論学習を通して，子どもたちは歴史的思考力を鍛えていくと同時に，縄文時代に対する科学的な歴史認識を獲得していくことになるのです。

　このような歴史的思考力を育てていく討論の授業をつくる上でポイントに

なるのは，「教師が提示する教材と提起する問題」であると加藤氏は言います。つまり「なるべく多様な解釈や考察が可能な史（資）料を教材にして，各自の意見が鋭く対立し，論争の進展がより本質的で総合的な時代像を結実させるような問題の提起が必要」[12]なのです。この実践の場合，「教材」は加曾利の犬の骨であり，「問題」は「貝塚からは犬以外にもいろいろな動物の骨が出土する。ところが，それらはすべて頭蓋骨なら頭蓋骨，足の骨なら足の骨，みんなバラバラに折られたり，割られたりした状態で発見される。なのに犬だけが，この写真のように死んだままの完全な遺体で出土する。一体なぜだ」という子どもの思考を促す状況設定と発問です。また，教材選択の基準は2つあると言います。第1に「教育内容とされた概念や理論，技術などを十分に内在させている事」，第2に「その内在する教育内容を，生徒が主体的に獲得するための入り口となる魅力的な発問や問題提起が可能である事」です[13]。つまり，望ましい教材とは，教育内容の側と学習者である子どもの側の双方にとって価値のあるものでなければなりません。このように加藤実践は，思考力を育てていくためには，価値ある教材と発問に支えられた思考する機会が保障されていなければならないということを教えてくれます。当然ですが，子どもに思考力を育てるためには，子ども自身が思考しなければならないのです。

　次に根津氏による小学校第6学年の「武士の世の中へ」という単元の実践例を見ていきましょう。根津氏は，この単元を通して子どもたちに「身分の低い武士が力をつけることができたのは，平氏が朝廷の中で高い位につき，武士の発言力を高めたことや，その平氏をたおした源氏が鎌倉幕府を開き，武士が各地を治める制度をつくったからである」（「永続的理解」）ということを認識してほしいと考えていました。これは，事実的知識に収まらない，小学生の子どもにとって高度な認識内容であり，他の時代認識にも応用できる「見方・考え方」に発展しうるものです。このように，単元末で認識してほしい内容を教師の側であらかじめ準備しておきつつも，根津氏は，子どもたち自身が追究したいと思うように工夫しています。キーワードは「驚き」

です。単元の導入で，平安時代の貴族と武士の住居の比較や武士の一日の生活を示した資料から，武士は農業に従事したり，質素な生活をしているというイメージを子どもたちが共有したところで，蒙古襲来時における武士の裁量の大きさを示します。このような仕掛けによって，子どもたちの中に驚きを伴って「なぜ武士は力をつけることができたのだろうか」という疑問が生じます。この大きな疑問を常に念頭に置きつつ，平安時代から鎌倉時代の学習をしていき，子どもたちは解答を探っていくことになります。子どもたちが抱いたこの単元全体を貫く問いを意識しつつ，毎時間の授業でも「なぜ武士である平清盛は天皇に認められるほど高い位にのぼりつめたのだろう」や「なぜ源氏は平氏にかわって力をつけ，鎌倉幕府を開くことができたのだろう」という小さな問いを1つ掲げて教室全体で問題解決を目指す授業をつくっています。最終的に子どもにつかんでほしい高度な知識を意識して，各時の授業づくりをすることで，子ども主体の問題解決学習を組織しつつも「活動あって学びなし」という状況に陥らないような工夫が見られます。

　加藤実践と根津実践は，子どもの発達段階も，目標と単元設計の発想（知識重視と認知重視）も異なるにもかかわらず，共通する点があります。それは，どちらも高次の学力を育てようとして，そのために子どもたち自身が思考する問題解決の過程を重視しているということです(14)。さらに，この問題解決過程をうまく機能させるために，子どもが思考せずにはいられないような切実性を備えた教材と発問の工夫が凝らされているのです。

③ 評価のポイント

　では最後に，これまで見てきたような高次の学力を育てようとした場合，それがどの程度身についているのかを見取るためには，どのような評価課題を開発してまた活用するのかについて考えていきましょう。評価課題は，求められている学力を子どもたちが十全に発揮するものでなければなりません。そのため，高次の学力を評価しようと思うと，空欄補充や多肢選択型など問いと答えの間が短い課題では十分に見取ることができません。

表2-2　根津実践のパフォーマンス課題およびルーブリック

【本質的な問い】	【永続的理解】
天皇・貴族中心の世の中であったのに，なぜ身分の低い武士は力をつけることができたのだろう。	身分の低い武士が力をつけることができたのは，平氏が朝廷の中で高い位につき，武士の発言力を高めたことや，その平氏をたおした源氏が鎌倉幕府を開き，武士が各地を治める制度をつくったからである。

【パフォーマンス課題】
天皇・貴族中心の世の中から，武士の世の中へ変わっていく上でMVPを決めて，報告してください。

【ルーブリック】	
3	自分が思うMVPを，今までの学習や自主学習で調べてきたことをもとに，複数の理由を挙げて説明している。なおかつ，選ばなかった人物を引き合いに出しながら説明している。
2	自分が思うMVPを，今までの学習や自主学習で調べてきたことをもとに，複数の理由を挙げて説明している。
1	自分が思うMVPを決めている。

　根津実践の場合は，表2-2のようなパフォーマンス課題とその評価基準であるルーブリックを作成しています。「天皇・貴族中心の世の中から，武士の世の中へ変わっていく上でMVPを決めて，報告してください」という論述の課題は，教師が単元を通して認識してほしいと願っていた内容（同時に子どもが追究したいと思っていた内容）をどの程度の深さで理解しているのかを見取るように設計されています。ルーブリックを見ればわかるように，MVPとして誰を選ぶのかに重点を置いているのではなく，選んだ人物がMVPである理由の妥当性，つまり社会の変化に最も影響を与えた事象とその理由の妥当性をしっかり記述することに重点が置かれています。

　加藤実践の場合も同様に論述問題が課されています[15]。たとえば，「古代律令国家の成立と班田農民の生活」では「奈良時代の戸籍には女性が過多のものが多い。その理由について君の探究の成果を論述しなさい」というものです。この単元では，このテーマに基づいて，「加曽利の犬」のように討論

学習を通して仮説の練り上げを教室全体で行っていました。子どもたちはその学びを経て最終的に認識したことを論述するのです。この課題は，加藤氏が歴史的思考力として挙げた３つの観点「実証性」「論理性」「個性・主体性」に基づき１から４段階で評点がつけられます。そして，加藤氏は，評点だけではなく，その理由やよりよくするためにはどうすればよいのかのコメントをつけています。たとえば，子どもの「奈良時代の戸籍に女性が多いのは国司が得をするために偽造したと思う。なぜなら，……男子が多いと兵役に行く人も多く。その人は税を払わなくてもよい。なので男子を少なくし，兵役させず田を耕作させ，偽造した戸籍に載っている分の税を政府に渡し，差額を国司がもらえば国司はもうかるということになるからです。農民が国司をだましたという意見もありますが，それは無理だと思います。国司は戸籍からあぶれた人を検出すること……が国司の功であったので農民への監視はきびしかったものと思います。さらに……」（評点３）という答案に対して，多くの事実にふれて実証性が高いことを評価しつつ「国司が性別を偽った戸籍を作ることはできても，中央の役人にバレないか」というコメントをつけています。また，評点４の優れた子どもの作品をいくつかピックアップして，上の３観点に基づいてどこが優れているのかを解説します。このようなコメントと優れた作品に基づく解説は，単元末の評価課題が，総括的評価としてのみでなく，次につながる形成的評価の機能も担っています。

　以上のように，高次の学力の評価は，子どもがその学力をパフォーマンスとして発揮できる場を準備する必要があると言えます。また，高次の学力は，その単元が終わればその後は求められないというものではなく，他の単元にも，さらには学校を卒業した後も求められるような力であるため，形成的評価としても活用することが望まれます。

【注】
（１）日本学術会議「提言　新しい高校地理・歴史教育の創造」2011年８月３日。
（２）五十嵐学「新共通テスト試行調査の分析と改題案」『歴史と地理』第728号，2019年，

pp.24-26。

（3）加藤将「『大学入試共通テスト』プレテストについて」『歴史と地理』第715号，2018年，pp.23。

（4）網羅的知識を測定することに終始しないように，センター試験よりも資料の読解や概念的知識の理解を問おうとするプレテストの核心については，共通テストにおいても，大きな変更はなかった。ただし，倫理における1つの概念を掘り下げていくという出題形式は採用されていない。

（5）この区分は石井英真氏によるアメリカの教育目標論の研究で示されたものに倣っているが，日本の歴史教育の中でも独自に同様の区分が可能な状況が現れてきている。石井英真『現代アメリカにおける学力形成論の展開』東信堂，2011年。

（6）社会科教育学では森分孝治氏がすでに類似の枠組みとして「科学的知識の構造」を提示しており，これを踏まえて原田智仁氏は社会科の「見方・考え方」を構造化している。森分孝治『社会科授業構成の理論と方法』明治図書，1978年。原田智仁『社会の授業づくり』明治図書，2018年。

（7）桃木至朗「歴史の『思考法』の定式化」『歴史評論』第828号，2019年，pp.23-33。

（8）National Center for History in the Schools, *National Standards for World History*, University of California, 1994. なお訳語は次の文献に準じている。鳥山孟郎・松本通孝編『歴史的思考力を伸ばす授業づくり』青木書店，2012年。また，近年，日本においても注目されているアメリカの「歴史家の様に読む」アプローチで提唱されている「出所を明らかにすること」「文脈に位置づけること」「丁寧に読むこと」「確証あるものにすること」という思考技能も認知カテゴリー重視のものであると言える。中村洋樹「歴史実践（Doing History）としての歴史学習の論理と意義」『社会科研究』第79巻，2013年，pp.49-60。

（9）加藤公明『わくわく論争！　考える日本史授業』地歴社，1991年，p.17。

（10）加藤公明『考える日本史授業4』地歴社，2015年，p.107。

（11）根津実践の詳細については次の文献を参照されたい。若松大輔「子どもの『なぜ』から始まるパフォーマンス評価」『社会科教育』第56巻第6号，2019年，pp.108-111。

（12）加藤公明『日本史討論授業のすすめ方』日本標準，2000年，p.10。

（13）加藤公明，前掲書，2015年，p.82。

（14）当時の根津氏の勤務校は伝統的に問題解決学習を中心とした社会科の研究校であった。また，加藤実践も宮原武夫氏が指摘するように問題解決学習と系統学習を統一した「知的体験学習」という性格がある。宮原武夫『子どもは歴史をどう学ぶか』青木書店，1998年。

（15）加藤公明，前掲書，2015年，pp.144-153。

（若松　大輔）

3 算数・数学科における学力テスト分析と授業づくり

算数・数学

「知識」と「活用」を架橋する実践に向けて ::::::::::::::::::::::

POINT

- ⊘全国学力・学習状況調査の問題には，問題の文脈と内容は学校・学習指導要領ベース，問題形式（問題のひねり方）は PISA ベースという傾向がある。
- ⊘大学入学共通テストの問題にも PISA が提示した現実世界を数学化する能力を問う志向性が見られると同時に，計算処理の能力に還元されない数式の意味理解を問う問題が出題されている。
- ⊘算数・数学科の授業づくりでは，「知識」と「活用」を分断せずに，それらを架橋するような数学的事項の概念理解を重視した授業づくりを目指すことが重要である。

1 算数・数学科におけるテスト分析

2019年度の全国学力・学習状況調査（以下，全国学テ）における算数・数学の問題では，これまでのＡ問題（主として「知識」に関する問題）とＢ問題（主として「活用」に関する問題）が統合され，「知識」と「活用」が一体的に問われるようになりました。また，2020年度からは従来のセンター試験が大学入学共通テスト（以下，共通テスト）に改められました。それでは，これらの新しい学力テストにおける算数・数学の問題にはどのような特徴が見出せるのでしょうか。

全国学テの問題分析を行う上では，PISA や TIMSS といった国際学力調査の存在を無視することはできません。2000年代以降，国際学力調査が存在

感を強めたことで，算数・数学科の学力観は大きく揺さぶられ，それによって国内の学力調査の特徴も大きく変化しました。さらに，その影響は今日まで続き，近年の大学入試改革もそれらと無縁ではありません。そこでここでは，TIMSS や PISA，全国学テや共通テストの問題分析を通して，新しい学力テストの問題の特徴を明らかにします。続いて，いくつかの実践例を交えながら，日本の算数授業に見られる議論の蓄積やパフォーマンス評価の考え方を手がかりに，学力テスト改革を乗り越えつつ，日々の授業を豊かにするためのポイントについて考えます。

① TIMSS

　まず，国際学力調査の一つである TIMSS の問題を分析しましょう。端的に述べれば，TIMSS の問題は基礎的な数学的知識や技能が身についているかをストレートに問う問題が多いといえます。たとえば，「図形と測定」（内容領域）および「応用」（認知的領域）で特徴づけられた算数の問題では，「まわりの長さが30cm の五角形があります。3つの辺の長さはそれぞれ4cm です。のこりの2つの辺アとイは同じ長さです。アの辺の長さは，次のどれですか」と文面のみで問われ，4つの選択肢から正しい答えを選択することが求められます[1]。このように，既存の算数・数学の問題文脈で問いが与えられ，教育課程上での履修状況と対比して，数学的知識・技能を身につけているかを問うことに TIMSS の問題の特徴があるといえます。

　一方で，この問題では問題の状況設定を自ら図示的に把握する必要があるなど，TIMSS においては，単なる知識・技能にとどまらない数学的な思考力についても調査の射程に入っています。しかしながら，続いて分析する PISA の問題に比べれば，TIMSS の問題では，既存の文脈において数学的知識・技能を正しく再生できるかに主眼があるといえるでしょう。

② PISA

　PISA において数学に関わる能力は，「数学的リテラシー」という枠組みで

語られてきました。また，PISA2012ではそれまでの数学的リテラシーの枠組みがあらためて検討されており，そこでは，PISAが従来から重視してきた実生活の場面に即した問題解決能力の重要性がより一層強調されました[2]。

　その変化は，PISAにおける数学的リテラシーの定義の変更やその構成要素である「数学的プロセス」の再定義に現れています。PISA2009までの調査では，数学的プロセスは「再現クラスター」「関連付けクラスター」「熟考クラスター」というように，問題解決に必要とされる「数学化」（実生活の問題を数学的に捉え，関連する数学的な能力を利用すること）のプロセスへの習熟度別に分類されていました。一方，PISA2012において数学的プロセスは，「提示された問題や課題を数学によって理解し，解決することができること」「数学的に理論化し，数学的概念・手順・事実・ツールを使って数学的に問題を解決すること」「数学的な解答や結果を検討し，問題の文脈の中でそれらを解釈すること」の3つのプロセス（以下，「定式化」「適用」「解釈」）に分類されています。各プロセス間に上位・下位の関係はなく，一連の問題解決における「数学化」のプロセスのうち，どこに主眼を置いた問題なのかによって，数学的プロセスは区別されるようになったのです。

　このように，既存の数学的知識や技能の再生や当てはめではなく，現実場面をいかに数学化し，問題解決を行うことができるのかがPISAの問題では問われています。次に，TIMSSとは異なる特徴を示すPISAの問題の特徴を具体的な問題例を交えて紹介します。

　PISAの各問題は，数学的リテラシーの3つの側面に対応されてつくられています（第1章**3**参照）。最初に取り上げる回転ドアに関する問題（資料2－4）は，「定式化」（数学的プロセス），「空間と形」（数学的な内容），「科学的」（数学が用いられる状況）という構成要素により特徴づけられています。この問題の正答率は，日本では7.8％，OECD平均では3.5％と，PISA2012の問題群の中でも最も難しい問題といえます。この問題のポイントは，与えられた状況（回転ドアの構造）をいかに数学的に読み解き，図形の問題として再解釈できるかにあります。回転ドアの構造を図2－3のよう

に「定式化」することができれば、「中心角60度で半径100cm の扇形の円弧の長さを求めよ」という問題になり、中学校１年生で習う平面図形の基本問題となります。したがって、この問題は短答式の比較的シンプルな状況設定ではありますが、現実世界でありうる状況を数学的に「定式化」し、問題解決に持ち込めるかを判定する問題としては有効に機能するといえるでしょう。

次に取り上げる帆船に関する問題（資料２－５）は３つの小問から構成されています。数学的リテラシーの３つの側面や日本・OECD 平均の正答率に

資料２－４　回転ドアに関する問題

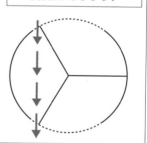

回転ドアに関する問２

回転ドアには、同じ大きさの開口部分（図の点線の円弧の部分）が２か所あります。この開口部分が広すぎると、扉で密閉できず、隙間（すきま）が生まれ、入口と出口の間を空気が自由に流れてしまい、室温調節が上手くいかなくなります。この様子は右の図に示されています。

入口と出口の間に空気が自由に流れるのを防ぐためには、開口部分の円弧の長さは、最大何センチメートル (cm) にすればよいですか。

この位置で空気が流れ込む可能性があります。

（国立教育政策研究所編『生きるための知識と技能５』明石書店、2013年、pp.150-154。回転ドアの直径が200cm であることは事前に与えられている）

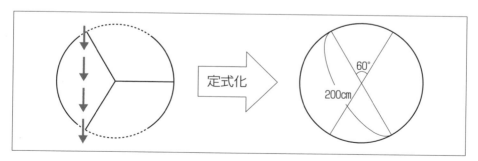

定式化

60°

200cm

図２－３　回転ドアに関する問題における「定式化」
（同上書を参照して筆者作成）

資料２－５　帆船に関する問題

帆船に関する問１

　凧のような帆を使うメリットは、帆を高さ 150m まで上げられる点です。その高さであれば、風速が船のデッキ上と比べて約 25% 速くなります。

　船のデッキ上で測定した風速が 24 km/h の時、凧のような帆に吹き込む風の速さはおよそどのくらいになりますか。

A　6 km/h
B　18 km/h
C　25 km/h
D　30 km/h
E　49 km/h

帆船に関する問２

　右の図に示すように、角度が45°、高さが 150 m の状態で船を引っ張るには、凧のような帆のロープの長さをどのくらいにすればよいですか。

A　173 m
B　212 m
C　285 m
D　300 m

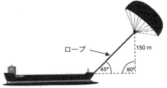

ロープ

150 m

45°　90°

注：図は正確な縮尺ではありません。
© by skysails

帆船に関する問３

　ディーゼル燃料は 1 リットルあたり 0.42 ゼットという高い費用がかかるため、「ニューウェーブ号」の所有者は凧のような帆をつけることを考えています。

　凧のような帆は、ディーゼル燃料の消費を全体で約 20% 削減する見込みがあると言われています。

船名：「ニューウェーブ号」

種類：　貨物船

船長：　117 メートル

船幅：　18 メートル

積載量：　12,000 トン

最高速度：　19 ノット

凧のような帆を使用しない場合のディーゼル燃料の年間消費量：約 3,500,000 リットル

　「ニューウェーブ号」に凧のような帆をつけるための費用は 2,500,000 ゼットです。

　この凧のような帆をつけるための費用を、ディーゼル燃料の削減量で取り戻すには、およそ何年かかりますか。計算式を示して、答えを書いてください。

（前掲書，pp.139-144）

表2-3　帆船に関する問題の基礎データ

	数学的プロセス	数学的な内容	数学的が用いられる状況	日本の正答率	OECD 平均の正答率
問1	適用	量	科学的	56.8%	59.5%
問2	適用	空間と形	科学的	52.8%	49.8%
問3	定式化	変化と関係	科学的	18.7%	15.3%
問3の解答例	凧のような帆を使用しない場合のディーゼル燃料の年間消費量：約3,500,000リットルで，価格は１リットルあたり0.42ゼットなので，帆がついていない場合のディーゼル燃料の費用は1,470,000ゼットとなる。帆をつけることで20%の削減ができれば，１年あたり1,470,000×0.2＝294,000ゼットの節約になる。よって，2,500,000÷294,000≒8.5，つまり約8〜9年後，帆をつけた費用を取り戻すことができる。				

（前掲書，pp.139-144を参照して筆者作成）

ついては表2-3の通りです。各小問の分析に入る前に，この問題に典型的に表れている PISA の特徴を2つ指摘します。第一に，PISA では数学的内容ではなく，その問題がもつ文脈に応じてユニットが組まれています。同一ユニット内の問題が有する文脈は共通していますが，各小問で用いられる数学の概念や知識は全く異なることも少なくありません。第二に，PISA で提示される実生活の中には，現実には15歳の生徒が向き合うことの少ない状況のものも含まれています。これは，PISA が，将来の市民として必要とされる数学的リテラシーや，経験したことのない状況においても生きて働く数学的リテラシーを身につけることを求めているためといえるでしょう。

　それでは，小問ごとに問題の特徴を見ていきましょう。まず，問1・問2では，それぞれ割合や三平方の定理といった数学的知識を現実世界の中で適用する力が求められています。ここで必要な数学的知識自体は小学校段階のものであること（問1），三平方の定理自体は調査問題に書かれており公式を参照できること（問2）を踏まえれば，ここでは，「適用」プロセスそのものが評価対象になっているといえるでしょう。

　次に，問3は，与えられた費用削減と燃料消費に関する状況を，計算式を

用いながら分析する問題です。この問題では，数値に関する多くの情報の中から必要な情報を取り出して立式し，問題解決のための論理的筋道を自分の言葉で書き表す能力が求められています。さらにいえば，この問題の解答では，現実場面から数学的な問題を取り出し（着目すべき数値を見出す），数学の議論の俎上にのせ（割合の概念を適用する），議論の結果を現実の文脈で解釈する（現実場面での答えを得る）という一連の数学的プロセスのサイクルを記述することが求められているのです。このように，PISA の問題においては，「定式化」「適用」「解釈」の数学的プロセスを用いて，複合的な現実場面の問題を数学的に解決する能力が問われているのです。

③ 全国学力・学習状況調査（中学校数学）

　続いて，全国学力・学習状況調査（以下，全国学テ）の問題を，PISA の問題と対比する形で紹介し，その特徴を分析していきます[(3)]。PISA との違いを明確にするために，まず中学校３年生の数学の問題からその特徴を見てみましょう。第一に指摘できるのは，「知識」と「活用」の問題が一体となったとはいうものの，その区別は大問ごとに明確になされているということです。大問９問のうち，前半の①から⑤にかけては，「連立方程式を解きなさい」や「２枚の10円硬貨を同時に投げるとき，２枚とも表の出る確率を求めなさい」といった教科書の例題レベルの問題がそのまま出題されています。

　一方で，⑥から⑨にかけてはこれまでの B 問題を継承するような問題が見受けられます。たとえば，⑥では，冷蔵庫を購入するシーンでの総費用に関する問題が出題されています（資料２－６）。この問題では，冷蔵庫を購入した際にかかる総費用が使用年数を変数とした一次関数であることを見抜き，一次関数の概念や知識を用いて設問に答えていくことが求められています。⑥(1)では，数学上は意味をもたない y 座標の差の意味を，問題の文脈に応じて理解できているかが問われています。また，⑥(2)では，一次関数のグラフ上の交点の座標は，その２つの式を連立したときの解であるという一次関数

6　健太さんの家では，冷蔵庫の購入を検討しています。健太さんは，冷蔵庫A，冷蔵庫B，冷蔵庫Cについて調べたことを，次のような表にまとめました。

健太さんが作った表

	冷蔵庫A	冷蔵庫B	冷蔵庫C
容量	400 L	500 L	500 L
本体価格	80000 円	100000 円	150000 円
1年間あたりの電気代	15000 円	11000 円	6500 円

　健太さんは，冷蔵庫A，冷蔵庫B，冷蔵庫Cについて，使用年数に応じた総費用を考えることにしました。そこで，それぞれの冷蔵庫において，1年間あたりの電気代は常に一定であるとし，次の式で総費用を求めることにしました。

$$（総費用）=（本体価格）+\left(\begin{array}{c}1年間あたりの\\電気代\end{array}\right)×（使用年数）$$

　例えば，冷蔵庫Aを購入して3年間使用するときの総費用は，$80000 + 15000 × 3 = 125000$ となり，125000円です。

(2)　健太さんの家では，7ページの**健太さんが作った表**で，容量が500 Lである冷蔵庫Bと冷蔵庫Cのどちらかを購入することになりました。そこで，健太さんとお姉さんは，冷蔵庫を購入してx年間使用するときの総費用をy円として，冷蔵庫Bと冷蔵庫Cの総費用を比べてみることにしました。

> 健太さん「本体価格は冷蔵庫Cの方が高いので，最初のうちは冷蔵庫Bより冷蔵庫Cの方が総費用が多いね。」
> お姉さん「1年間あたりの電気代は冷蔵庫Cの方が安いので，使い続けると冷蔵庫Bより冷蔵庫Cの方が総費用が少なくなるね。」
> 健太さん「それなら，2つの冷蔵庫の総費用が等しくなるときがあるね。」

　冷蔵庫Bと冷蔵庫Cの総費用が等しくなるおよその使用年数を考えます。下のア，イのどちらかを選び，それを用いて冷蔵庫Bと冷蔵庫Cの総費用が等しくなる使用年数を求める方法を説明しなさい。ア，イのどちらを選んで説明してもかまいません。

　　ア　それぞれの冷蔵庫の使用年数と総費用の関係を表す式

　　イ　それぞれの冷蔵庫の使用年数と総費用の関係を表すグラフ

（文部科学省「平成31年度全国学力・学習状況調査の調査問題・正答例・解説資料について」
https://www.nier.go.jp/19chousa/19chousa.htm。6(1)については省略）

の要点となる知識を用いて、実生活上の問いに対する自分の解答を説明することが求められています。

次に、7では、図形の証明に関する問題が出題されています。7(1)では、AF＝CE を導く前提となる△ABF≡△CBE を証明する過程で、適切な合同条件を記述することが求められています。この問題は、中学校2年生の図形の単元での基礎知識の一つである三角形の合同条件を問う、ストレートな知識の再生を求める問題でしょう。7(3)では、正方形・ひし形・長方形・平行四辺形の間の関係をヒントに AF

（3）真由さんは、これまでに調べたことを、次のようにまとめました。

まとめ

◎「正方形ABCDの辺ABの中点をE、辺BCの中点をFとすると、AF＝CEになる。」ということが成り立つ。

◎「平行四辺形ABCDの辺ABの中点をE、辺BCの中点をFとすると、AF＝CEになる。」ということが成り立たない。

上のまとめから、「四角形ABCDが正方形ならば、AF＝CEになる。」ということが成り立つことと、「四角形ABCDが平行四辺形ならば、AF＝CEになる。」ということが成り立たないことがわかります。

正方形でない四角形で、AF＝CEになる四角形ABCDを考えます。四角形ABCDがどんな四角形ならば、AF＝CEになりますか。「〜〜〜〜ならば、……になる。」という形で書きなさい。

（前掲資料から。7(1)(2)については省略）

＝CE を満たす四角形 ABCD の性質を記述する必要があります（資料2－7）。この問題では、四角形の関係性が直接問われるのではなく、問題の文脈に応じて、用いるべき数学的知識を選択・適用できるかが問われています。この問題は現実生活をその場面とするものではありませんが、問題の状況設定から数学的な方略を立て、その解決へと持ち込めるのかを問う点において、PISA の数学的リテラシーと通底するでしょう。

以上より、6から9の問題については、これまでのB問題、さらにはPISA の数学的リテラシーを意識した問題が出題されているといっていいでしょう。その一方で、これらの問題は、今までの全国学テの問題以上に、学習指導要領で定められている教育内容や、各教科書で扱われてきた典型的な

数学の応用問題からも多大な影響を受けているとも指摘できます。たとえば，⑥の一次関数の問題は，一次関数の利用の例として教科書に掲載されてきた携帯電話の料金プランの問題をオマージュしたものといえます。⑦の図形の問題も，題材となっている図形の構図は目新しいものではなく，問題解決のためには中学校2年生で学習する四角形の関係性についての知識が必要とされます。⑧や⑨についても，小問の中には「活用」を見る問題が含まれていますが，全体としては，教科書に掲載されている文章題・応用問題をPISA風にアレンジしたものとみなせます。

　以上のように，2019年度の全国学テの問題については，PISAが提起している数学的リテラシーからの影響を受けつつ，特に問題の文脈と内容に関しては，学習指導要領や教科書で扱われてきた教材からの影響を強く受けているといえるでしょう。換言すれば，これらの全国学テの問題には，PISAの問題の日本的展開を見出すことができるのです。この点について，全国学テの問題に見られる特徴をPISAの問題と対比することで次の3点から考えていきましょう。

　第一に，問題状況の文脈によってユニットが組まれていたPISAに対して，全国学テでは学習指導要領上の各単元に即した出題が主となっています。つまり，生徒が問題を見たときに，「この問題は図形の分野だから，○○の知識を使うはずだ」という想定がしやすい問題になっています。第二に，高いレベルの「活用」能力を見る際には，認知的に複雑な問題を用意するよりも，生徒に求める記述量を多くする傾向が見られます。PISAの回転ドアの問題に表れていたような数学的プロセスを重視する問題はあまり見られず，問題から見出せる事実や理由，適切な計算式や導出の方法を記述させる問題が多くなっています。第三に，全国学テの問題の状況設定は，学校生活，または子どもたちが日常生活でよく出会う文脈に限定されています。将来の市民を想定した文脈から問題が構成されていたPISAとは異なり，全国学テでは従来から教科書などで用いられてきた状況設定が多用されています。

④ 全国学力・学習状況調査（小学校算数）

　これまで述べてきた全国学テの特徴は，小学校算数の問題についてもおおむね当てはまるといえます。たとえば，2019年度の問題①は，小学校5年生で学習する合同の単元がベースとなっています。①(1)は，長方形の中から台形を選択する問題であり，事実的知識を問う問題です。そのため正答率も93.2％と高くなっています。(2)は，2つの合同な図形を組み合わせてできる形を選択する問題です。この問題を解くためには，合同についての知識以上に情報処理能力や知識の活用力が試されます。(3)では，四角形全体から三角形の面積をひくことで求める面積を導出するという過程が式で表現され，その式の意味を説明することが求められています。全体から部分をひくことで面積を求める問題はこれまでにも見られましたが，その式の意味を記述させる点にPISAへの意識が垣間見えます。このように，小学校算数においても，問題の文脈と内容は学校・学習指導要領ベース，問題形式（問題のひねり方）はPISAベースという傾向があります。

　一方で，小学校算数の問題については，中学校以上に「知識」と「活用」の織り交ぜがなされているともいえます。扱う数学的内容の難度を上げたり，記述量を増やしたりすることで「活用」の問題がつくられる傾向のある中学校数学に対し，小学校算数では「知識」と「活用」の架け橋となるような概念理解を問う問題も見られます。たとえば③(4)は，小数の計算手続きではなく，計算の意味を問う問題となっています。また④(2)では，乗法の概念に基づいて複数の数量から適切な数量を選び，立式できるかが問われています。

　この背景には，中学校数学においては扱う数学的事項が増加しその習熟度を評価する必要があることなどが関連していますが，より重要なのは，この背景に，これまでの日本の算数授業が知識や技能にとどまらない数学的事項の概念理解を重視してきたという点があることでしょう。ここに，知識や計算手続きの再生を求めるだけでもなく，PISAの数学的リテラシーの衣をまとった活用力を求めるだけでもない，小学校算数の問題の特徴を見出せます。

⑤ 大学入学共通テスト

　最後に，共通テストの問題分析を行い，大学入試改革の動向を確認しましょう[4]。ここでは，共通テストに先行されて実施された試行調査（以下，プレテスト）の問題分析から，共通テストの特徴を考えます。結論を先取りすれば，共通テストにおいても，PISA が提示した現実世界を数学化する能力を問う志向性が見られます。

　たとえば，平成29年度プレテストの数学Ⅱ・Bの第３問は，薬を服用したときの血中濃度を漸化式で表す問題です（資料２－８）。この問題では，右の問題文に示されている条件から，薬を n 回目に服用した直後の血中濃度 a_n についての二項間漸化式を導き，一般項を求めていきます。さらに，後続の問題では，服用間隔の条件を問うなど，直接数式を与えてその処理を求めるのではなく，実生活の文脈から求められる数的処理を自ら判断・実行させ，その意味を生徒に解釈させる問題が出題されています。センター試験への揺り戻しもやや感じられるものの，この傾向は，2021年１月に実施された共通テストにも概ね引き継がれています。

　このように，共通テストでは，問題文による誘導がありつつも，数学的な定式化の核心部分を問うことで生徒が実生活の問題を数学的な文脈に落とし込むことができるかを問う問題や，実生活上の課題を数学的に正確に処理する能力や数的処理の意味を適切に理解する

資料２－８　漸化式の問題

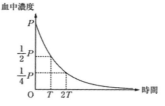

ある薬Ｄを服用したとき，有効成分の血液中の濃度（血中濃度）は一定の割合で減少し，T時間が経過すると $\frac{1}{2}$ 倍になる。薬Ｄを１錠服用すると，服用直後の血中濃度はPだけ増加する。時間０で血中濃度がPであるとき，血中濃度の変化は次のグラフで表される。適切な効果が得られる血中濃度の最小値をM，副作用を起こさない血中濃度の最大値をLとする。

薬Ｄについては，M = 2，L = 40，P = 5，T = 12である。

（大学入試センターHP「平成29年度試行調査」https://www.dnc.ac.jp/sp/daigakunyugakukibousyagakuryokuhyoka_test/pre-test_h29_01.html）

能力を問う問題が目指されています。

　ただし，共通テストは単に数学の問題を生活場面と結びつけて出題していることが特徴的なわけではありません。たとえば，従来のセンター試験において，二次関数や三次関数（微分・積分）の問題では，関数の最大値や最小値を求める問題やグラフで囲まれた面積を求める問題など，一定程度定型化された計算処理の過程を正確にたどれるかどうかが試されていました。しかし，共通テストにおいては，二次関数のグラフの位置を係数から評価する問題や導関数ともとの関数のグラフ上の関係を視覚的に問う問題など，計算処理の能力に還元されない，数式が意味することの理解を問う問題も見られます。すなわち，共通テストでは，ある文脈における数式や数的処理がどのような意味をもつのかを問うことで，生徒が深いレベルでその数学的事項の概念や意味，操作に習熟しているのかが問われているのです。

2 算数・数学科の授業づくり

① 求められる学力

　2000年代以降，日本の教育界では PISA の影響力が強まり，「活用力」に注目が集まりました。一方で，「知識」と「活用」に分けて問題が出題された全国学テのテスト形式にも表れているように，計算力や事実的知識の習得など，いわゆる基礎学力の向上も同時に目指されました。しかし，それでは算数・数学教育に求められる学力の内実を「知識」と「活用」に分断し，前者は百マス計算などのドリル学習で，後者は現実場面を模写した数学的活動で身につけさせるといった二足のわらじを授業づくりに求めることにつながりかねません。このような授業では「知識」と「活用」は架橋されず，その間をつなぐ数学的事項の概念理解がおろそかになるでしょう。上で紹介したテスト問題が示すように，概念理解なき「活用」では学力テストの問題には到底太刀打ちできませんし，そこで身につく浅薄な見方・考え方では現実世界を読み解くメガネにはなりえません。それどころか知識面においても，概

念理解なき「知識」ではその剥落を容易に招き，日々の授業は結果として，「知識」も「活用」も身につかない表面的な学びに矮小化されてしまいます。

　このようなジレンマから脱出するためには，「数学的リテラシー」や「活用力」といったキーワードに惑わされずに足元の算数・数学教育実践の蓄積に学ぶことが重要でしょう。テスト分析の項でも確認したように，学力テストの問題は，過去の実践の蓄積の上に成り立っています。また，一見新しいPISAの数学的リテラシーのような学力観についても，実は過去になされた議論に参照点が必ず存在しているのです(5)。

　さて，上述の意識から算数・数学教育実践の歴史を紐解けば，そこにはいくつかの潮流が見出せるでしょう(6)。1つ目は，学問数学の延長として算数・数学教育をみなす立場です。そこでは算数・数学教育の内容は学問としての数学の一部とされ，教師の役割は，既存の数学（学問数学）を子どもに伝達することに限定されます。2つ目は，数的な基礎技能の習得に算数・数学教育の意味を見出す立場であり，算数・数学は問題解決力を扱わない基礎学習として扱われます。そこでの教師の役割は，数量に関する知識・技能を子どもに習得させることに限定されていました。3つ目は，子ども自身が主体的に数学をつくり出すことを重視する算数・数学教育です。そこでは，子どもが数学的に考える力や態度を育成することが目標とされ，算数・数学の学力には，知識・技能に加えて思考力や主体的に取り組む態度も含まれます。言い換えれば，算数・数学教育は数学を通しての人間形成を担うとされるのです。そのような見方に立つ実践では，「数学を教える」だけでも，「数学を身につけさせる」だけでもなく，子どもが実際に「数学する」ことが求められるでしょう(7)。

　PISAや全国学テの問題によっても示されるように，現代では，第一の立場や第二の立場を踏まえた上で，第三の立場を重視することが求められています。それでは，子ども自身が算数・数学の担い手となるような授業づくりには，どのように取り組めばよいのでしょうか。次に，具体的な実践例を挙げながら，算数・数学科における指導のポイントを考えます。

② 指導のポイント

　ここでは，元・筑波大学附属小学校副校長の坪田耕三先生による立体図形の授業（小学校6年生）を取り上げましょう[8]。この授業では，教室に資料2−9で示したような立体模型が持ち込まれます。この立体模型は，厚紙で作られており，実物を教室に持ち込むことで子どもたちの関心を引きつけ，授業中の深い思考を準備します。このような場面で教科書の問題や一般的な授業によく見られる問いかけは，たとえば，「（A）〜（H）の中から三角錐をえらびなさい」といったものでしょう。ただし，ここで坪田先生は，「（B）の立体の特徴を考えて，それと同じ特徴をもった立体をこの中から見つけなさい。その特徴もいいなさい」と問いかけます。この発問を受けた子どもたちは，「上の先がとがった立体」として（B）と（G）を同じ仲間と分類したり，「どれも頂点のところに3本の辺が集まっている立体」として（A），（B），（C），（E）の共通点を説明したりします。坪田先生は，子どもの発言がクラス全体に共有されるように促しながら，「錐体」「平面」「曲面」といった，子どもたちが初めて出会う数学的事項の紹介をしていきます。結果として，この授業では13種類もの観点から立体の分類がなされました。

　以上にあげた坪田先生の実践は，ある2つの考え方を背景にしているといえます。1つ目は，オープンエンド・アプローチという考え方です。オープンエンド・アプローチとは，正しい答えがただひと通りに決まっているクローズドな問題に対し，正答がいく通りにも可能になるように条件づけた問題（オープンエンドの問題）を扱うことで，それまでに習った知識や技能，考え方を組み合わせて新しいことを発見していく経験を子どもに与えようとする方法のことをいいます[9]。本実践において，坪田先生は（C）や（F）といった変わり種の立体を用意しています。このように，オープンエンドな発問と子どもの認識をゆさぶる教材によって，子どもの思考は深まっていきます。オープンエンド・アプローチの考え方は，発問の仕方を少し工夫することで，手続き的な計算力だけではなく，その手続きの意味を本当に理解しているのかといった概念レベルの理解を問う授業を構成する手掛かりになる

資料2−9　立体模型

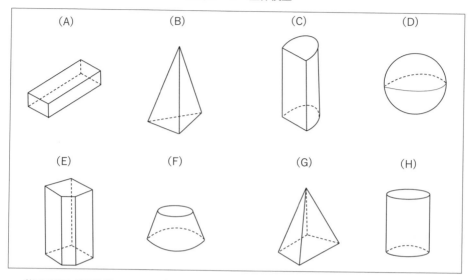

(A)　(B)　(C)　(D)

(E)　(F)　(G)　(H)

（坪田耕三『算数楽しくオープンエンド』教育出版，2006年，p.183を参照し，筆者作成）

でしょう。

　2つ目は，ハンズオン・マスという考え方です。この実践で坪田先生は，立体の実物を教室に持ち込み，子どもたちの関心を引きつけていました。ハンズオン・マスとは，「算数科における作業的・体験的な活動」のことです(10)。ハンズオン・マスの授業では，具体物を伴った数学的活動を重視することで，子どもたちが手を動かしながら思考することを促すことができます。ハンズオン・マスの考え方を取り入れた授業は，抽象的になりがちな算数・数学の概念を，子どもたちが具体的・感覚的に理解する助けとなるでしょう。

　このようにオープンエンド・アプローチやハンズオン・マスといった算数・数学教育実践の蓄積に触れることは，明日の授業づくりを豊かにする第一歩だといえるでしょう。一方で，これらの手法が万能薬ではないことには注意が必要です。教科書の教え方や定型化した方法だけに依存することなく，

目の前の子どもの状況に応じて，どうすれば子どもたちが「数学する」状況をつくり出せるのかを考え続けることが最も重要であるといえるでしょう。

③ 評価のポイント

　それでは，前述したような指導のポイントを踏まえた上で，子どもたちに育ませたい学力が形成されたかどうかをどのように見とればよいのでしょうか。たとえ授業づくりを豊かなものにしたとしても，評価の場であるテストがこれまでと変わらない計算問題や現実世界とかけ離れた文章題のみでは，子どもたちが授業で身につけた力は十分に発揮されないでしょう。さらに，子どもたちは，そのようなテストから「やっぱり計算ができればよいのか」というメッセージを受け取り，意味理解を伴わないままに計算方法や解法を暗記することに終始してしかねません。

　パフォーマンス評価は，そのような客観テスト（いわゆる知識のみを問うテスト）の課題を乗り越えるための評価方法として開発されました[11]。ここでは，算数・数学科におけるパフォーマンス評価の実践例を検討し，算数・数学の授業でパフォーマンス評価を用いることの意義を紹介します。

　神原一之先生の「平方根」の単元は，資料2−10に示したようなパフォーマンス課題を提示することから始まります[12]。神原先生は，単元初回の授業で生徒たちに実際に課題に取り組ませて，この課題を解決するためには，$x = a^2$を満たす x を求める必要があることを確認します。以後，平方根の単元はこのパフォーマンス課題を解決することを目標に進んでいきます。神原先生の授業は平方根の意味理解から計算へと進み，各回の授業では，無理数の概念や根号計算といったこの単元で身につけるべき事項が順に扱われていきます。たとえば，第3時では，パフォーマンス課題の計算過程で登場する $x^2 = 10$ を満たす x が $\pm 3.1622776\cdots$ であることを確認した上で，そのような x が存在するかの議論がなされます。「面積が10の正方形がかけそうだから，その1辺の長さが求める値になる」という生徒の発言を契機に，生徒たちは，有理数では表せない一辺の長さ，すなわち $\sqrt{10}$ が存在することを発見します。

資料2－10　パフォーマンス課題

> 　あなたは伝説のインテリアデザイナーです。1636年6月28日，フィレンチェの教会の神父から，設立496年を記念して，教会の壁にステンドグラスを作ってほしいという依頼を受けた。その教会の壁は，面積が60m²で，正方形である。神父は「面積が3m²の直角二等辺三角形の形をしたステンドグラスを，すきまをできるだけ少なくしてしきつめたい」とあなたに伝えた。あなたはデザイナーとしてこの設計図を書かなくてはなりません。なお，設計図には必要な長さとその長さの根拠となった正確な計算が必要です。

（石井英真『「教科する」授業を目指す中学校教育のデザイン』平成20-23年度科学研究費補助金若手研究（B）研究成果中間報告書，2011年，p.49）

　このように，最初の授業で提示されたパフォーマンス課題を軸にした「数学する」授業を経て，本単元は終盤を迎えます。

　単元のまとめの3時間のうち，最初の1時間目（第10時）に取り組まれたのは，単元テストです。このテストでは，たとえば，根号の四則根号計算や分母の有理化ができるかを問う問題など，平方根に関する知識・理解や計算処理の能力が身についているかどうかが問われました。続いて，第11時には単元のはじめに取り組んだパフォーマンス課題にもう一度取り組みます。

　その後，単元テストやパフォーマンス課題を採点する中で見られた生徒たちのつまずきを，神原先生はパフォーマンス課題の作品検討会（第12時）で取り上げます。検討会では特徴的な作品が紹介され，ルーブリックと照らし合わせて作品の良さや改善点がクラス全員で共有されます。

　算数・数学の授業においてパフォーマンス評価を用いることの意義について，この実践から次の3点が指摘できます。第一に，パフォーマンス課題を単元のはじめに導入すること，そして単元末のクライマックスに扱うことで，パフォーマンス課題が教師にとっての評価の指針になるとともに，子どもにとっての学習の指針となる点です。パフォーマンス課題を単元のはじめに示すことによって，単元学習後に到達してほしいレベルを子どもに明確に示すことができます。「なぜ，この計算を学ぶのか？」という問いが生じやすい算数・数学の授業において，このことは大きな意義をもつといえるでしょう。

また，単元のクライマックスにパフォーマンス課題への取り組みが位置することで，子どもたちが単元全体を通して身につけた力の「見せ場」を用意することができるでしょう。

　第二に，パフォーマンス課題に取り組むことで，現実場面を「数学化」する過程に子どもたちを参画させることができる点です。「真正の学習」を求めるパフォーマンス評価では，現実場面に即した問題を解決することが要求されます。そのような状況で用いられる思考は，まさに PISA の数学的リテラシーに見られた「定式化」「適用」「解釈」の３つの数学的プロセスであるといえるでしょう。パフォーマンス評価では，子どもが自然と数学的プロセスをくぐる機会を提供することで，そのような力を子どもたちに身につけさせることが可能になるのです。

　第三に，パフォーマンス評価によって，「知識」と「活用」を架橋する状況をつくり出せる点です。本単元のパフォーマンス課題を解決するためには，単元を通して学んできた平方根の四則混合計算の知識が欠かせません。一方で，「なぜその式を立てるのか」「この場面において，この計算結果は何を示しているのか」といった問いを離れて問題解決をすることはできません。パフォーマンス評価では，知識の活用を通して知識の習熟を図るとともに，子どもにその知識の意味，すなわち数学的な概念について思考せざるを得ない状況をつくり出せるのです。

【注】
（１）国立教育政策研究所編『TIMSS2015算数・数学教育／理科教育の国際比較』明石書店，2017年，p.76。
（２）以下の PISA に関する分析については，国立教育政策研究所編『生きるための知識と技能２』ぎょうせい，2004年，および同編『生きるための知識と技能５』明石書店，2013年を参照した。
（３）以下の全国学力・学習状況調査に関する分析については，国立教育政策研究所 HP「教育課程研究センター『全国学力・学習状況調査』」https://www.nier.go.jp/kaihatsu/zenkokugakuryoku.html を参照した。
（４）以下の大学入学共通テストの試行調査（プレテスト）に関する分析については，大学入試

センターHP「平成29・30年度試行調査（プレテスト）」https://www.dnc.ac.jp/daigakunyu gakukibousyagakuryokuhyoka_test/index.html を参照した。

（5）たとえば松下佳代氏は，かつて銀林浩氏が示した「数学的問題解決の図式」と PISA の「数学化サイクル」がきわめて近しいものであることを指摘している（松下佳代『パフォーマンス評価』日本標準，2007年，p.11）。

（6）長崎栄三「算数・数学の学力と数学的リテラシー」日本教育学会編『教育学研究』第70巻第3号，2003年，pp.12-22。

（7）石井英真『授業づくりの深め方』ミネルヴァ書房，2020年。

（8）本実践事例については，坪田耕三『算数楽しくオープンエンド』教育出版，2006年，pp,182-192を参照のこと。

（9）島田茂編『[新訂] 算数・数学科のオープンエンド・アプローチ──授業改善への新しい提案』東洋館，1995年，pp.9-10。

（10）坪田耕三『算数楽しく授業術』教育出版，2003年，p.127。

（11）パフォーマンス評価は，上述のオープンエンド・アプローチやハンズオン・マスの考え方とも親和性が高いものである。ハンズオン・マスによるパフォーマンス評価の例については，坪田耕三『算数楽しくハンズオン・マス』教育出版，2004年，pp.206-216を参照のこと。

（12）本実践事例については，石井英真『「教科する」授業を目指す中学校教育のデザイン』平成20-23年度科学研究費補助金若手研究（B）研究成果中間報告書，2011年，pp.48-56を参照のこと。

（岡村　亮佑）

4 理科における学力テスト分析と授業づくり

理科

科学的探究についての「理解」と実験の授業を考える ::::::::

POINT

⊘近年の学力テストでは，単純な知識の再生や実験の操作だけでなく，科学的概念の深い理解や，科学的探究についての知識，探究の過程で発揮される能力が問われている。

⊘単に科学的探究における操作や考え方を行うだけでなく，その操作をなぜ行うのか，科学的探究の意義と限界など，科学的探究・科学について生徒が理解することが求められている。

⊘理科の授業で実験を行う場合は，実験を行う目的・目標を教師が意識し，生徒も実験の目的を理解して取り組むような授業を設計する必要がある。

1 理科におけるテスト分析

様々な学力テストがその時代の学力観を反映し，理科の教育目標，方法，内容に影響を与えてきたことに異論をもつ人は少ないでしょう。特に2000年代には TIMSS や PISA で出題された問題が衆目を集め，科学的探究に注目が集まりました。最近では，大学入学共通テストの試行調査（以下，プレテスト）や全国学力・学習状況調査（以下，全国学テ）において理科の授業や探究活動の場面を模した問題が出題されています。

近年の日本の学力テストの問題や評価の基準の根底には，「資質・能力を育むために重視すべき学習過程（探究の過程）のイメージ」[1]があると考えられます。ここでは，探究の過程を「課題の把握」「課題の探究」「課題の解

決」の3つの段階に分け，それぞれの段階で発揮される理科の「資質・能力」が例示されています。これを見ると，単に実験や観察を遂行しその結果を分析する力だけでなく，検証可能な仮説や課題の設定，実験結果から仮説の妥当性の考察や次の課題の発見，考察・推論の発表など，探究の過程全体を生徒自身で行えることが目指されています。

　また，「総合的な学習（探究）の時間」や理数探究などの探究科目にとどまらず，理科においても探究の過程を通した学習活動を行うことが求められています。実際，探究の過程は，高等学校の理科基礎科目を念頭に作成されています。さらに，中学校，小学校でも同様の過程が想定されています。つまり，小学校から高校まで一貫して，探究の過程で発揮される「資質・能力」を育成することが目指されており，さらに理科の授業の中で探究の過程を通した学習活動が求められています。

　探究の過程は一方向の流れではなく，また授業では探究の過程の一部を扱ってもよいとされています。探究科目では課題の設定から探究・解決のサイクルを生徒が繰り返し行うことになりますが，理科の授業では探究の過程の一部を扱うことが多いでしょう。特に理科における実験は，「課題の探究」の場面であるだけでなく，単元の展開次第では「課題の把握」や「課題の解決」にもつながるものです。そのため，改めて理科における実験の位置づけや実験を行う授業のあり方が問われているといえます。従来であれば，実験は単に科学的概念の理解を促進させることや，実験器具の使い方を実践的に学ぶことが目的であったかもしれません。しかしながら，探究の過程で発揮される力を育成するには，探究に関わる学力を意識しながら授業を設計する必要があるでしょう。

　本節ではまず，探究を重視した理科の学力テストの問題や作問の意図の分析を通して，学力テストで評価している学力とはどのようなものかを明らかにします。その上で，特定の科目や単元・学校段階に限定されない，探究の過程で発揮される力を育む理科の授業を構想する上で意識すべきポイントを提案します。

分析する学力テストは，プレテスト（2017年度，2018年度実施），全国学テ（2018年度実施），特定の課題に関する調査（理科）（2006年実施），PISA2015（以下，PISA）です。近年の学力テストだけでなく，過去に日本で行われた調査や国際調査と比較することで，近年の学力テストの性格や学力観がよりクリアになるでしょう。

① 大学入学共通テスト

　理科のプレテストは，2017年度に物理，化学，生物，地学の4科目が，2018年度には基礎4科目が加わり，全8科目が実施されました。プレテストの特徴として，作問のねらいとする主な「思考力・判断力・表現力」のイメージが提示されていることが挙げられます。理科では，探究の過程で提示されている「課題の把握」「課題の探究」「課題の解決」の3つに分けて，「～ができる」の形で学力が文章化されています。たとえば「課題の解決」の中には，「自然の事物・現象の基本的な概念を基に，見出した課題について，原理・法則に従って推論することができる」ことが挙げられています。この能力を評価する問題の例として，2017年度地学第2問の問6を取り上げましょう。第2問では，ある高校生が探究活動の成果を発表するために作成したポスターを題材にしています。問6では，「探究活動の結論はその目的に沿って述べる必要がある」ことを前提に，題材となっているポスターの結論として適当なものを選択することを求めています。この問題は多肢選択問題ですが，選択肢の内容はすべて事実としては正しいものです。選択肢の内容の正誤判断を行うのではなく，ポスターに書かれている「石材として利用されている岩石の種類・性質と用途との関係を明らかにする」という目的に沿った結論を選ぶことが求められています。この問題は地学の知識がなくても解答することができる問題ですが，正答率は38.8％にとどまりました。

　このように，科学の概念理解とは異なる，探究の過程で発揮される判断力を求める問題が出題されました。他方，センター試験が評価していた知識や概念もなおざりにされてはいません。プレテストの傾向として，単に知識や

公式を暗記するだけでは解けない問題が多く出題されています[2]。さらに、概念の意味を理解して初めて解くことができる問題が出題されています。たとえば、2018年度物理基礎第2問の問3は、地球とは重力加速度が異なる惑星で鉛直上向きに投げた物体にはたらく力の向きと大きさを問う問題です。計算する必要がないだけでなく、重力加速度が地球と異なることが解答に一切影響しない、物理の基礎的な問題です。しかし、物理基礎のプレテストのなかで最も正答率が低い問題でした[3]。表面的な知識と公式の暗記ではなく、概念の深い理解が求められています。

② 全国学力・学習状況調査

　全国学テの問題は、「自然の事物・現象や実験操作についての知識と理解」を問う「知識」問題と、「知識・技能を活用して課題解決に必要な思考力・判断力・表現力等」を問う「活用」の問題に分かれています。ここでは、2018年度の小学校の「活用」の問題の中で特に正答率の低い問題を2つ取り上げます。

　問題②(3)は、川の地面のけずられ方を調べるためのモデル装置を用いた実験について、水の量を変数として実験を行った結果をもとに、川の曲がっているところの内側と外側が削れたか否かを考え、それを選んだ理由を解答させる問題です。小学5年生の教科書を見ると、同様の実験装置を扱うページにおいて、「川の外側では流れが速く地面が削られ、川の内側では流れが遅く土が積もる」ことが書かれています[4]。しかしながら、問題に示されている実験結果では川の内側と外側の両方に設置した棒が水の力で倒れており、川の内側も外側も両方削れていることがわかります。授業で取り上げられた実験の結果を覚えたことによる先入観によって、誤った解答をした子どもが多いことが予想されます。この問題では、既にもっている知識を再生するのではなく、実験結果そのものを解釈することを求めているといえます。

　問題④(4)では、「食塩水の食塩は蒸発するのだろうか」という「問い」、「食塩水を加熱・蒸発させる」実験の「結果」、「水にとけた物は蒸発しない」

という「実験の結果からいえること」が示され,「実験の結果からいえること」を「問い」に対するまとめとしてふさわしいものに書き直すことを求めています。この問題の正答の条件は,「『食塩水の食塩は蒸発しない』など,食塩のみが蒸発しないことを示す趣旨」の解答をしていることです[5]。この問題では,「問い」に対して実験の結果から確実に言える「結論」と,次の探究・予想につながる「考察」とを明確に区別することが求められています。

他方,全国学テにおける「知識」の問題は,「土や石を積もらせるはたらきの名称」や「実験の正しい操作」などを直接的に問う形になっており,解答に知識の深い理解を必要とはしていません。また,問題の状況も,学校の実験室を模したものや,生活で遭遇する状況を学校での実験で解決可能な形に翻案した状況であり,生徒が将来出会うような現実的な状況ではありません。以上の傾向は,中学の全国学テにも見られます。

このようにプレテストと全国学テを分析すると,次の3点の特徴を指摘できます。まず,プレテストでは概念の深い理解が求められている一方,全国学テでは知識は命題的知識として直接的に問われています。次に,両者とも,探究の過程を模した設問の中で,探究の過程で発揮される能力を発揮することを求めています。最後に,問題の状況としては実験室や学校など,生徒の現在の生活や学校や授業の中での特殊な文脈が設問で取り上げられています[6]。

それでは,従来の学力テストや国際調査ではどのような学力が評価されているのでしょうか。

③ 特定の課題に関する調査

2006年に実施された理科の特定の課題に関する調査(以下,特定課題調査)は,全国学テ以前に行われていた学力テストである,教育課程実施状況調査(2001年度,2003年度)において測ることが難しかった学力に焦点を合わせた学力調査です。特定課題調査では,観察や実験に関する能力が主な調査対象となりました。調査の方法においても意欲的な取り組みがなされて

おり，生徒に実験器具の操作を行わせる実技試験を行ったり，解答は筆記でも問題の状況をビデオ映像で伝えたりしていました。

特定課題調査は，以下の能力を把握することを目的に実施されました[7]。

（ⅰ）　問題を見出し，その問題を解決するための観察・実験方法を考案する能力

（ⅱ）　観察・実験の結果やデータに基づいて考察する能力

（ⅲ）　観察・実験に関する技能・表現の能力

ここでは中学2年生を対象とした，「電流とその利用」に関する問題を，評価する能力ごとに見ていきましょう。（ⅲ）を評価する問題としては，回路図を見て，それと同じ回路を実際に組み立てることを生徒に求めるものが

資料2－11　問題ビデオ映像とナレーション

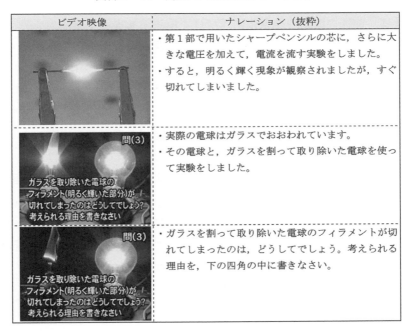

ビデオ映像	ナレーション（抜粋）
	・第1部で用いたシャープペンシルの芯に，さらに大きな電圧を加えて，電流を流す実験をしました。 ・すると，明るく輝く現象が観察されましたが，すぐ切れてしまいました。
問(3)　ガラスを取り除いた電球のフィラメント(明るく輝いた部分)が切れてしまったのはどうしてでしょう？考えられる理由を書きなさい	・実際の電球はガラスでおおわれています。 ・その電球と，ガラスを割って取り除いた電球を使って実験をしました。
問(3)　ガラスを取り除いた電球のフィラメント(明るく輝いた部分)が切れてしまったのはどうしてでしょう？考えられる理由を書きなさい	・ガラスを割って取り除いた電球のフィラメントが切れてしまったのは，どうしてでしょう。考えられる理由を，下の四角の中に書きなさい。

（国立教育政策研究所「特定の課題に関する調査（理科）調査結果」p.75（https://www.nier.go.jp/kaihatsu/tokutei_rika/index.htm）。）

ありました。正答率は70％を超えています。次に（ⅱ）を評価する問題です（資料2－11）。これは，ガラスを取り除いた電球のフィラメントが切れる原因を考察させ，理由を記述させる問題です。シャープペンシルやフィラメントの性質と様子から金属の燃焼と関連づけて，酸素や空気が関係していることを指摘したものを正答として扱っています。提示された実験結果から空想して予想を立てるのではなく，科学的に正しい理由を書くことが求められています。

　上記の問題の次に，（ⅰ）を評価する問題として，シャープペンシルの芯を使った電球を長持ちさせる工夫を提案させる問題が提示されます。この問題では電圧やシャープペンシルの芯の種類や数の条件は統一させ，酸素（空気）のみに着目した解答を求めています。たとえば，容器内の空気を抜く，不燃性の気体で満たす，などの解答のみが正答として提示されています。この問題は，前述の問題の結果に関連づけて解決策を提案する能力を見る一方で，金属の燃焼と酸素の関係についてのより深い理解を評価する問題と解することもできます。（ⅱ）を評価する問題を正答した生徒の中で，（ⅰ）を評価するこの問題も正答できた生徒は約60％しかいませんでした。

　特定課題調査では，実験器具の操作といった個別的スキル（技能）を評価するだけでなく，実験結果から考察したり課題解決の方法を提案したりするなど，より高次のスキルを評価していました。さらにスキルだけでなく，科学的概念の深い理解をも評価しているといえます。一方，ビデオの場面や実技はすべて実験室の状況であり，学校の特殊な文脈の域を出ないものになっています。また，本来探究の過程における予想は，未知の事象に対して自分の考えを表明し，次の探究につなげるものですが，特定課題調査で生徒に求める予想には出題者が想定している正答が存在しています。

④ PISA

　PISA2015の枠組みには，文脈，知識，能力，態度の4つの要素があります（資料2－12）。生徒は調査問題を解く中で，個人的，地域的・国内的，

地球的文脈において能力を発揮することが求められます。そして，その能力の活用に影響を与えるものとして知識と態度が位置づいています。なお，PISA2006では態度についても調査問題の中で評価されましたが，PISA2015において態度は質問紙調査のみで評価されました。

　特にPISAで注目すべき点は，①「文脈」に地球的文脈が位置づけられていること，そして②「知識」に手続き・認識に関する知識が位置づけられていることです。①について，全国学テやプレテストでは，学校や身近な状況で行われる探究の過程を模した問題が中心でした。しかし，PISAでは，気候変動，生態系の持続可能性，感染症の蔓延，宇宙探査のような，より現実的で将来科学の専門家や市民として生徒が出会うような文脈が取り入れられています。

　②について，手続きに関する知識は，自然界と技術的人工物に関する知識が「どのように生み出されるかに関する知識」，認識に関する知識は「手続きの根底にある根本原理およびその手続きを用いることの正当性に関する理

資料２－12　PISA2015科学的リテラシー評価の枠組みにおける要素と相互関係

（経済協力開発機構編著，国立教育政策研究所監訳『PISA2015年調査評価の枠組み』明石書店，2016年，p.36を踏まえて筆者作成）

解」とされています。表2−4に具体的な知識の中身を示しました。これらの知識は，日本においては実験や探究活動を通して言及されることはありますが，十分意識して教えられているとはいえないでしょう。

　以上の枠組を踏まえて，PISA2015ではどのような問題が出題されたのでしょうか。「斜面の調査」問1は，「科学的探究を評価して計画する」コンピテンシーと「認識に関する知識」を「地域的・国内的」文脈で問うています。問1の前提として，「生徒たちは，なぜ2つの斜面で植物の生え方に違いがあるのかについて調査し，日射量・土壌の水分量・降雨量の3つの環境要因を測定した」ことが説明されています。そして問題では，各斜面に同じ計測器を2台ずつ設置した理由を述べることを求めています。採点基準を参照すると，単に「データが多いほうがよい」というだけでなく，「斜面内の条件のばらつきを補正する」「各斜面の計測精度を高める」などの「科学的利点」

表2−4　手続きに関する知識と認識に関する知識（一部抜粋）

手続きに関する知識	認識に関する知識
・従属変数，独立変数，制御変数などの変数の概念 ・測定の反復及び平均化など，不確実性を評価して最小限に抑える方法 ・再現可能性（同一の量について繰り返し行われる測定の一致の厳密さ）とデータの正確さ（測定値と真値の一致の厳密さ）を確保するメカニズム ・表，グラフ，図を使ってデータを抽象化して表現する共通の方法，およびその適切な利用	○科学の構成と典型的な特徴 ・科学的な観察・事実・仮説・モデル・理論の本質 ・テクノロジー（人間のニーズに対して最適な解決策を生み出すもの）とは区別される科学の目的と目標（自然界に関する説明を生み出す物） ・科学の価値，たとえば，公表の義務，客観性，バイアスの排除 ○**科学が生み出す知識を正当化する上で，これらの構成と特徴が果たす役割** ・測定誤差が科学知識における信頼度にどのように影響するか ・社会的および技術的な問題を特定して対処する上で，他の形態の知識とともに，科学的知識が果たす役割

（経済協力開発機構編著，国立教育政策研究所監訳『PISA2015年調査評価の枠組み』明石書店，2016年，pp.41-42）

資料２−13　「持続的な養殖漁業」問１

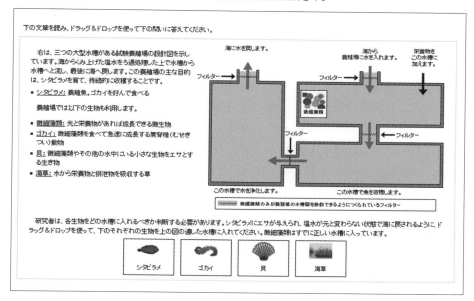

（国立教育政策研究所『PISA2015年調査問題例』2016年，p.31）

を書く必要があることがわかります。このような測定の手続きを<u>実行できる</u>だけでなく，手続きの<u>意味を理解</u>していないと解答できない問題であるといえるでしょう。

　内容に関する知識を問う問題でも，直接的に概念や知識を問うているわけではありません。たとえば，資料２−13の問題は，生物の食物連鎖の概念の理解を前提としつつも，全国学テのように知識そのものを解答させる問題ではなく，理解をもとに考察させる問題になっています。加えて，この問題では学校で実験可能な状況にモデル化した実験を取り上げるのではなく，科学研究者として実際的な課題に対する科学的な判断が求められています。

⑤ 学力テストで測られる学力のまとめ

　以上の分析を通して，近年の学力テストの特徴をまとめましょう。第一に，

問題の文脈についてです。近年の学力テストでは，学校の実験室や生徒の身近な生活など，問題の文脈は狭いものとなっています。一方で，PISAでは科学者として調査装置の提案を行ったり，その問題が社会的問題に直接的に関連していたりと，生徒の日常生活にとどまらないより広い文脈・状況を模した問題が出題されていました。

　第二に，科学的探究や科学についての知識です。理科の実験や探究の過程の中で，予想を立てる，実験を計画する，実験結果を解釈するなどの活動は行われているでしょう。しかしながら，なぜ予想を立てる必要があるのか，なぜこの実験をするとうまくいくのか，どのような考察をするべきかなど，生徒は理解しているでしょうか。たとえば，理由もなく「実験の回数を増やすほどよりよい」といった観念を受け入れているだけで，果たして科学的実験の意義が理解できているとはいえないでしょう。

　高校生による探究活動のポスター発表における考察で，実験結果が予想と異なっていた要因として実験の試行回数やサンプル数の少なさを指摘し，より多くのデータを集めることを課題として挙げる生徒を，筆者はよく目にします。しかし，そのような考察では実験設計についての課題が捨象されてしまい，またその後の探究につながる新たな問いが生まれたとはいえないでしょう。

　科学的探究についての理解は，たとえば結論と考察を区別するという形で全国学テにも登場しています（問題[4](4), p.135）。理科における実験の授業では，単に科学的概念の理解を促進するためではなく，実験を中核に実験前後の授業を含めて探究の過程を体験するとともに，科学的探究について生徒に理解させる授業が求められています。しかも，このような理解は単に科学的探究を行えば身につくものではなく，明示的に指導する必要性が指摘されています[8]。

2 理科の授業づくり

① 求められる学力

　ここでは，理科の授業で育成すべき学力について，①科学的知識・概念の理解，②科学的探究・科学についての理解に分けて考えましょう。

①科学的知識・概念の理解

　学力テストではプレテストの例のように，多肢選択問題であっても概念理解を評価する問題が出題されています。また特定課題調査では，実験を通して概念の理解を問うていました。単に理科の計算問題が解けるだけでなく，科学的概念を説明できることが生徒に求められているのです。さらに，概念理解をもとにして，実験の結果について考察する（知識を活用する）力も求められるでしょう。

②科学的探究・科学についての理解

　単に実験の操作が正しくできることは，理科の学力としては低次なものです。学力テストに対して，テストで出題される実験を実際に授業で行うことで成績が向上するという意見もありますが，すべての実験を行うことは時間的に不可能です。しかも，単にテストに出る実験と同じ実験を行い生徒に操作を覚えさせるだけでは，個別の実験が手順通り実施できるようになるだけで，全く応用のきかないものになります。そうではなく，様々な実験や観察に共通した観念の理解が必要になるでしょう。

　また，探究活動につなげることを考えると，学校の実験室の文脈のみならず，科学者のように現実の問題について探究する活動や，実験の結果を参考にしつつ科学的成果以外の要素も考慮した考察の機会を設ける必要もあるでしょう。全国学テの問題[2](3)（p.135）の問題に対しては，次のような指摘があります。「多くの要因が複数絡み合う『自然災害』に対して，妥当性を検討したりせずに，モデル実験を通して獲得した自然の事物・現象の働きについての知識をただ当てはめる考え方に課題がある」[(9)]。これは，モデル実験が自然の現象の一部を切り取ったものにすぎないという，モデルの限界に

ついての理解が子どもに不足しているという指摘として捉えることができます。

② 指導のポイント

ここでは，特に実験を取り入れた授業のあり方について考えるために，小学校4年生で取り上げられる「水の沸騰」の実験を取り上げます。

この実験は，水の状態変化を扱う単元で，初めて水を沸騰させる実験です。この実験に対しては，実験自体の難しさが数多く指摘されています。すなわち，水の沸点は100℃であると規定されていますが，学校で実験をすると温度計は100℃より下を指すことが普通であることです。このような問題に直面したとき，「なぜ実験を行うのか」が問題になるのです。この問いは生徒の立場と教師の立場の2つから問うことができますが，ここでは，教師が授業の目標をどう考えるかを取り上げます。

①水を温め続けると水はどうなるかを理解させる

沸点は100℃であるという科学的知識の教授を想定しないのであれば，温度の細かな数字は問題になりません。むしろ，温度の推移と水の状態との関係を子どもに注目させる必要があります。操作的には同じ実験であっても，何を確かめるか（仮説・予想）によって，実験で確認すべき要素は変化します。現在の教科書はこの目的で実験を取り上げています。

②正しく実験操作ができるようになる，実験を計画・考案する

単に沸騰に関する実験操作を行うことも，生徒実験を行う理由となります。また，①の問いを示して，子どもに実験の装置・計画を考えさせるという活動を入れることもできます。

③沸点が100℃であることを確かめる

教科書に書いてある知識が本当かどうかは子どもにはわかりません。そのため，事前に沸点が100℃であることを教えていれば，教科書に書かれていることは本当かどうかが問われる実験になります。その場合に問題になるのは，温度計の測定誤差の話です。仮説実験授業の提唱者として知られる板倉

聖宣氏は，沸騰の実験を通して，計量器の誤差や測定方法の誤差について教育しようと考えました[10]。実験で100℃にならないのは，気温などの条件も関連しますが，この実験を測定誤差が問題となる事例と位置づけたのです。授業書〈温度と沸とう〉では沸点の測定法の問題とは別に，計量器一般の誤差の問題を取り上げています。温度計自体に誤差があるという事実は，学校における実験の限界を考える上で重要な知識です。

④概念理解を確認する

　①〜③で取り上げた実験とは異なる実験ですが，実験の意義を考える上で重要な実践なので，ここで取り上げます。水の沸騰を確認した後，沸騰したときに出てくる大きなあわの正体を探る実験が行われます。この実験について，森田和良先生は，実験の前に「沸騰時に出る大きな泡は水蒸気である」ことを教えました。その後，大きな泡を集める実験を２種類行うとともに，実験を見ていない人を読者として，観察した結果と水蒸気の性質を関連させて現象の意味を説明させる活動を行いました。森田先生は，泡は水蒸気だと習った後も泡は空気だと考えている子どもや，実際に母親に説明した子どもが，自分の説明は初めて聞く母にはわかりにくいことを知り，言葉を付け足して再度説明した事例を紹介しています[11]。この授業は，概念の深い理解を促すとともに，身につけた知識を活用して説明する力を育成する授業と捉えることができます。

　このように同じ実験でも生徒に身につけさせたい知識・概念・スキルは変化します。そもそも生徒実験を行うことも，実験の目的によっては自明ではありません。授業を構想する際には，教科書に書いてあるから実験を行うのではなく，なぜ実験を行うのか，何を身につけさせるための実験なのかを明確にする必要があるでしょう。

　そして，実際に授業で実験を行う際には，教師の側の実験の目的が何であれ，生徒が実験の前になぜ実験をするのかを理解できるようにする必要があるでしょう。もちろん実験を通して身につけさせたい知識や能力を子どもに伝えるのではなく，実験によって明らかにすべきことは何かを生徒が理解す

ることです。そのためには実験の結果に対する予想を子どもに立てさせることが大事になります。予想を立てることで，実験を単なる操作や動機づけに矮小化することなく，探究の過程における重要な場面として生徒も意識しながら授業に臨むことができるでしょう。

③ 評価のポイント

さらに，科学的探究や科学についての理解を考える際には，教師の側がよい科学的探究とはどのようなものかをイメージできないといけません。ここでは，「観察記録の評価の観点」が問われた，小学校4年生の大単元「あたたかさと生き物」で用いるルーブリックを作成した研究事例を取り上げます[12]。

「あたたかさと生き物」では，1年間を通して子どもたちは自分の選んだ木を観察することになっていました。この研究は，子どもの観察記録を取る力を評価するためのルーブリックの作成と検討を行ったものです。1学期に児童が作成した観察記録を見ながら，「観察文の詳しさ」「スケッチの詳しさ」を観点としたルーブリックが作成されました。その後，ルーブリックをもとに複数人の教師によって評価が行われました。各教師の評価をすり合わせる過程で，観察記録において何をどう詳しく書くかには，観察の目的・子どもの課題意識が関わることが明らかになりました。その後，「課題意識」が評価の観点として加えられ，「観察文の詳しさ」，「スケッチの詳しさ」と同様にルーブリックが作成され，評価に使われました（表2−5）。

このように，ひと口に「観察記録を取る力」といっても，その意味するところは明確ではなく，人それぞれ異なるイメージをもっているでしょう。生徒の科学的探究の理解を評価するためには，教師のもつ探究のイメージを共有する必要があります。パフォーマンス課題を実施する際にはルーブリックが作成されます。このルーブリックづくりの過程に複数の教師が携わり協議することで，今までなんとなく考えていた「探究」のイメージを明文化・共有し，誰が評価しても同じ評点になるような妥当な評価を行うことができる

表2−5 「観察記録を取る力」の観点別ルーブリック
（ここでは「スケッチの詳しさ」の観点は省略）

	観察文の詳しさ	課題意識
5	適切な内容の文章が整理されており，読みやすく書かれている。「葉，花，実，枝」，「色」，「長さ，数」など，多彩な観点から観察されている。全体における部分の位置づけが明瞭である。以前と比較して変化を捉える記述がある，「ぶつぶつ」，「ギザギザ」といった五感を使って特徴を捉えた記述が見られるなど，面白い着眼点が複数見られる。的確な測定にもとづいて数量化されたデータを含む。	比較し，変化を捉えるという意識が強く見られ，観察の焦点が定まっている。観察から得られたことを確かめるための実験をする，多面的に観察したり，予想を立て検証するための観察をするなど，調べようとする意識が非常に強く表れている。観察したことを理由づける，関連づけて現象を総合的に捉える，長期的に捉えるといった，非常に優れた特徴が見られる。
3	適切な内容の文章が書かれている。数個の観点から観察しており，詳しく見ようとして面白い着眼点を見つけている。ただ，一部しか見ていないなど，観点ごとの重要性の区別が十分ではなく断片的である，的確な測定に基づいて数量化されたデータを含むといった課題も残っている。	観察の焦点を絞ろうという意識をもち，観察したことをもとに考察しようとする記述がある。ただし，印象を記述しているにすぎなかったり，記述が大雑把だったりするなどの課題も残っている。
1	書いてはあるが，情報量が少ない。	観察はしているが，いきあたりばったりで，記述が羅列的である。

（梅澤実・西岡加名恵・喜多雅一・宮本浩子・原田知光ほか『ポートフォリオ評価法を用いたルーブリックの開発（第1号・第2号合冊版）』鳴門教育大学平成13・14年度教育研究基盤校費「教育研究支援プロジェクト経費」研究報告書，2003年，p.17, p.44を踏まえて筆者作成。記述語については，一部加筆修正した）

でしょう。

　ちなみに，探究の過程に関わる学力は，特定の器具の操作のように限られた場面で問われるものではなく，理科の学習の中で何度も繰り返し問われるものです。取り上げたルーブリックは1回の実践だけでなく，今後の観察の授業でも活用することができます。このように，長期的な視野で探究の過程に関わる学力を育成するよう，カリキュラムの見通しをもつことも大事です。

最後に，よい探究のイメージを明文化した例として，課題研究で用いるために作成された長期的ルーブリックを紹介します。長期的ルーブリックは，特定の課題に対する生徒のパフォーマンスの質を評価するのではなく，長期にわたる生徒の行為の質的な深まりを示すことが意図されています。

　SSH8校が共同で「標準ルーブリック」を開発した例もあります[13]。「標準ルーブリック」の特徴は，記述語だけでなく次のレベルに生徒が成長するための指導方略を記していることです。「標準ルーブリック」の形式は，教員間での目標の共有にとどまらず，指導の手立てを共有することに役立ちます。「標準ルーブリック」は開発に携わっている高校の探究活動の目標が類似していることから開発が可能になったものであり，全ての学校がそのまま用いることができるものではありません。このようなルーブリックを参考にしながらも，各学校において，探究活動や理科の授業を通して生徒にどのような力を身につけさせたいのかを明確にし，学校のカリキュラム全体を考えていく必要があるでしょう。ルーブリックを作成することは，単に評価基準表をつくり生徒の作品の評定に用いるためではなく，どのような力をどのような指導で身につけさせるのかを，学校全体で共有するために行うという意味もあるのです。

　テスト分析で指摘したように，科学的探究の学力は単に科学的探究を実施していれば自ずと身につくものではありません。理科の授業は，科学的概念を身につけさせる場であるだけでなく，探究の過程で発揮される「資質・能力」について，目標を絞りつつ明示的に指導を行い，探究の過程を練習する場として考えていくことが大切です。

【注】
（1）文部科学省「高等学校学習指導要領（平成30年告示）解説理科編理数編」2018年，p.10。
（2）滝川洋二「大学入学共通テストの試行（プレテスト）から見える日本の課題」科学教育研究協議会編『理科教室』(776)，2019年8月，pp.64-65。
（3）大学入試センター「【物理基礎】問題のねらい，主に問いたい資質・能力，小問の概要及び設問ごとの正答率等」(http://www.dnc.ac.jp/daigakunyugakukibousyagakuryokuhyoka_

test/pre-test_h30_1111.html)。

（4）『たのしい理科5年－2』大日本図書，2011年，p.6。

（5）国立教育政策研究所教育課程研究センター『平成30年度全国学力・学習状況調査解説資料小学校理科』2018年，p.64。

（6）2021年1月17日に実施された大学入学共通テストの理科で出題された問題では，本稿で取り上げたプレテストの特徴が概ね踏襲されている。たとえば，探究の過程を取り上げた設問において，科学的知識や概念の理解を前提として，実験結果から導かれる適当な考察を選択する問題や，提示された課題に沿った実験の計画を考える問題などが出題された。

（7）国立教育政策研究所教育課程研究センター「特定の課題に関する調査（理科）調査結果」（https://www.nier.go.jp/kaihatsu/tokutei_rika/index.htm）。

（8）Lederman, N. G. & Lederman, J. S. (2014). Research on Teaching and Learning of Nature of Science. Lederman, N. G. & Abell, S. K, *Handbook of Research on Science Education Volume 2*, Routledge, p.614.

（9）佐藤真太郎「理科において『災害』を取り扱う課題」『理科の教育』東洋館，2019年9月号，p.38。

（10）板倉聖宣「授業書＜温度と沸とう＞とその解説」仮説実験授業研究会編『科学教育研究』（1），国土社，1970年，pp.199-216。

（11）森田和良「大きな泡の正体は？」市川伸一・鏑木良夫編著『教えて考えさせる授業　小学校』図書文化，2007年，pp.66-71。

（12）梅澤実・西岡加名恵・喜多雅一・宮本浩子・原田知光ほか『ポートフォリオ評価法を用いたルーブリックの開発（第1号・第2号合冊版）』鳴門教育大学平成13・14年度教育研究基盤経費「教育研究支援プロジェクト経費」研究報告書，2003年。

（13）西岡加名恵・大貫守「スーパーサイエンスハイスクール8校の連携による『標準ルーブリック』開発の試み」『教育方法の探究』（23），京都大学大学院教育学研究科教育方法学研究室，2020年，pp.1-12。この論文はオンライン上で閲覧可能であり，論文の中に「標準ルーブリック」が収録されている。

（鎌田　祥輝）

英語科における学力テスト分析と授業づくり

対話を通した学びで, 「生きた言語」へ

POINT

- 英語の学力で基本的な知識や技能の上に想定されるのは, 場面や相手に応じて英語を理解し表現する力や, 複数の技能を統合し言語を運用する力である。
- 授業内で行われる生徒の言語活動に「相手」を設けることで, 聞き手は自然と相手の主張の要点を推測し, またその理解が正しいか確認することができる。話し手も, 伝える相手を意識することで, より相手に伝わりやすく表現することが促される。このような相互作用的な活動は, 時間や設備に制限のあるテストでは測りにくい方略的な力も育成することにもつながる。
- 評価する際には, 生徒たちの具体的なパフォーマンスを共同で検討することで, 教師側の評価する力量を育てる必要がある。

1 英語科におけるテスト分析

英語という教科を考えるとき, その位置づけは歴史的に「教育内容そのものにかかわる要因よりも, 教育内容の外側の制度的・構造的要因が大きな影響を及ぼして」きた, と言われています[1]。寺沢拓敬氏は1950年代, 60年代の英語科が全国民に必修化した経緯を踏まえてこのように論じていますが, これは様々な「英語教育改革」が進められようとしている現在にも通じるものがあります。

英語では他の教科と比べても, 民間試験の数が多く, かつ民間試験の結果

をCEFRと照合する対照表が発表されるなど，外的な基準が大きな影響力を
もち始めています。もちろん学習を進めていく中でこれらを参照することは，
学習者の外的動機づけとなりえます。その反面，このような外的な基準によ
って自らの英語運用能力を証明することに慣れ切ってしまうことには，一定
程度危険性があるという指摘もあります[2]。外部試験や「4技能」志向の議
論が活発化する中で，これらを絶対視せず，学校教育で育成すべき英語の学
力とは何か，批判的に捉えていく必要があるといえます。

　このような背景を踏まえながら，英語の学力テストや民間試験を検討して
いきます。これらのテストはそれぞれ異なる目的を掲げ作成されているため，
内実はそれぞれ異なりますが，それらを総合的かつ批判的に検討することで，
学校教育の中で育成するべき英語の学力が見出されてきます。目指すべき学
力を見据えた上で，どのような授業や評価を志向していくべきか検討します。

① 全国学力・学習状況調査

　まず，2019年度から開始された，中学3年生を対象に行われている全国
学力・学習状況調査（以下，全国学テ）について検討します[3]。

　全国学テは，「聞くこと」「話すこと」「読むこと」「書くこと」の4つの技
能について調査しています。問題用紙には「知識」「活用」の区分は明確に
示されていませんが，基礎的な「知識・技能」と，それらを場面や状況に応
じ活用する「思考・判断・表現」を一定の割合で問うことを意図しています。

　例として「話す」の問題の大問1には，イラストを付し，そのイラストの
状況を説明することを求める問題があり，主に音声，語，文法事項の知識や，
その知識をもとにした基礎的な技能を測るものとして捉えられます。一方，
大問3では「あなたの学校で，海外のあるテレビ局が『世界の子供たちの
夢』というテーマで番組を収録しています。画面にある話してほしい内容の
①，②［①あなたの将来の夢，または，将来やってみたいこと，②その実現
のために頑張っていること，やるべきこと―引用者］について，英語で話し
てください。1分間，内容を考えたあと，30秒で話します」という出題も

あります。このように，相手がいる状況を想定して，かつ解答者自身が内容を考えて答えるような，「活用」に当たる部分も問う出題も見られます。この問題は「与えられたテーマについて考えを整理し，まとまりのある内容を話すこと」を測るもので，正答率が45.8％であることから，国立教育政策研究所は「全体の文章構成を考えたり，一度発表した内容を構成面から振り返らせたりすることも大切である」と，指導のポイントに言及しています。

　一方，生徒たちの誤答例を見てみると，この問題は，単に発言の内容を構成する力のみを問うものではないことがわかります。①もしくは②の内容を含んでいない，と分類されたものは約30％ありましたが，その誤答例を見てみると「I want to be a volleyball player. It was practice hard.」や「I dream is create the game. I study English. I study program.」というように，文法的な誤りが目立つことで，「内容を含んでいない」という分類がされてしまっているものがあります。このような全国学テの採点方法も勘案すると，思考力・判断力・表現力を見る上で実際には，正しい文法的知識をもち運用することができるか，という基礎的な「知識・技能」が必要条件となっていることがわかります。

　一方，「読む」「書く」では，文章の全体像を踏まえながら解答を求める出題が多く見られています。全国学テに先立ち，文部科学省は2014年度から2017年度にかけて「英語教育改善のための英語力調査事業」を行い，中学生の英語力を調査しています。その中で読むことについては「短文における話の流れや複数の情報相互の論理関係を理解する力に課題がある」「英文全体の意味を把握し，文脈や前後関係を押さえながら読むことに課題がある」と示しています。

　このような全体像を捉える力を測る意図で，2019年度の「読む」問題の大問7においては，文章全体の読解の後に「What is the most important point of this article?」と問う出題が見られます。この文章には明確なディスコースマーカー（because や but のように論理関係を示すような語）は記されず，解答者が複数の段落に記されている内容について，自分で論理的関係

を補いながら読み解く必要があります。また，「書く」問題で同様の力を測るものとして「I saw a friend of mine at the station, (　　) I had no time to talk to him.」という文に接続詞を入れる問題がありました。鳥飼玖美子氏はこの問題は「単なる文法問題というより，論理的つながりを考えさせるもので，コミュニケーションの基礎となるべき要素」を測っていると述べています[(4)]。

　まとめると全国学テは，全体を通して従来の「知識」と「活用」の区分に当たる問題をバランスよく出題しています。「活用」に当たっては，文のつながりやまとまり，と称されるような論理性を重視する傾向が見られますが，その中でも基礎的な「知識・技能」が前提とされていることがわかります。

② 大学入学共通テスト

　次に，大学入学共通テスト（以下，共通テスト）を検討します。大学入試センター試験から共通テストへ転換することで，両者の間にはどのような違いが出てくるのでしょうか。ここでは2017年度，2018年度に行われた共通テストの試行調査（以下，プレテスト）を分析していきます。

　まず，長文読解の問題については，プレテストにおいても前述の全国学テと同様に論理的なつながりを読み取る力が強調されています。リーディングでは「テキストの構成を理解する力」「テキストの内容を理解して要約する力等を問うこと」がねらいとして掲げられています。プレテストでは段落同士のつながりや要点，文章全体を問うようなものが多く出題されています。

　例として，2018年度の第６問Ａで出題された問題番号37を挙げます。この問題においては「In Paragraph 4, the author most likely mentions a Japanese female airline captain in order to give an example of (　　)」（下線部引用者）という，筆者の意図を問う出題がされています。当該の段落４には，女性パイロットのもつ短所（＝身体的な大きさ）と長所（＝コミュニケーションの取り方）についての２つの記述が見られます。この２つのどちらに言及するものも解答となりえるものです。ただ，それまでの段落のトピックセンテンスには，パイロットが不足する一方で，女性パイロットに対する偏見があり，

人数が少ないということが記されています。さらに段落4には「Despite the expectation that male pilots have better flight skills, it may be that male and female pilots just have skills which give them different advantages in the job」と，女性パイロットの持つスキルを肯定的に捉える主旨の文が見られます。このように他の段落や当該段落内の文同士の関係が，どのような論理を生み出しているのか，という点に注目しながら手がかりを得ることで，答えとして女性パイロットの長所を示す「an contribution female pilots could make to the workplace」が導き出されます。このように，文章の中でのつながりや全体像を踏まえた解答が求められます[(5)]。

　リスニングについても，同様の出題が見られます。2018年度リスニングの第6問の出題は，会話の中での話者の主張を問う出題です（資料2－14）。

　これまでのセンター試験においては正答以外の選択肢は完全に誤りとわか

資料2－14　2018年度プレテスト大問6　スクリプト

Fred : Are you playing those things again on your phone, Yuki?
Yuki : Yeah, what's wrong with playing video games, Fred?
Fred : Nothing. I know it's fun; it enhances hand-eye coordination. I get that.
Yuki : Oh, then you're saying it's too violent; promotes antisocial behavior - I've heard that before.
Fred : And, not only that, those games divide everything into good and evil. Like human versus aliens or monsters. **The real world is not so black and white.**
Yuki : Yeah... We are killing dragons. But we learn how to build up teamwork with other players online.
Fred : **Building up teamwork is different in real life.**
Yuki : Maybe. But still, we can learn a lot about how to work together.
Fred : Well, **I'll join you when you have a game that'll help us finish our homework.**

（大学入試センター「英語（リスニング）スクリプト：平成30年度試行調査，問題，正解等」，https://www.dnc.ac.jp/sp/kyotsu/daigakunyugakukibousyagakuryokuhyoka/pre-test_h30_1111.html, p.8より）

るような出題でしたが，プレテストにおいては紛らわしい選択肢も含んでいるのが特徴的です。この問題は4つの選択肢① Video games do not improve upper body function　② Video games do not represent the actual world　③ Video games encourage a selfish lifestyle　④ Video games help extend our imagination が提示されています。正答は②ですが，Yuki の「Oh, then you're saying it's **too violent**; promotes **antisocial behavior**」（下線部は引用者）に対して Fred が「And, **not only that,** ……」（下線部は引用者）と返事をしています（資料2－14参照）。つまり Fred は Yuki の発言（＝violent, antisocial）も肯定しており，選択肢③の「selfish lifestyle」と近いことを Fred は会話内で言っていることから，紛らわしい選択肢が含まれているといえます。

　このように，誤答の選択肢と類似した内容にも会話内で言及している問題においては，ただ単に話されている内容をスキャニングするような方法ではなく，スクリプトの中で，会話や主張の要点はどこにあるのか，考えながら聞く必要があります。これまでは，他の選択肢が明確な誤りとわかるものであったことを踏まえると，より高度なリスニング力が求められるといえます。すなわち，リーディングにおいてもリスニングにおいても，前後のつながりを意識し，全体の流れを理解しているかが測られるのです。

　これまではプレテストで重視されていた点について言及してきましたが，プレテストではセンター試験と比べたときに，問われなくなった部分も見られます。それは，言語材料の知識（音声，語・連語および慣用表現，文法事項などの知識）です。大学入試センターは「英語の資格・検定試験の活用を通じて……総合的な評価がなされる方針であることを踏まえ，試行調査においては，筆記（リーディング）の問題では『読むこと』の力を把握することを目的とし，発音，アクセント，語句整序などの問題は出題せず実施」するとしています[6]。

　言語材料の知識のうち語彙や文法事項などの知識については，直接的に問われておらずとも，リーディングの問題を解く際に必要になります。たとえば，2018年度のリーディングのプレテストの問題番号36の問題文

「According to the article, there is little difference between men and women in
（　　）」（下線部は引用者）は，下線部を a little difference（少し違いがあ
る）と誤って理解してしまうと，別の解答を選んでしまいます。これまで通
り基本的な語彙や文法の知識を活用し，解釈することが必要となります。

　しかし，特に音声的な知識を問う問題については，プレテスト内では一切
触れられていません。このような基礎的な音声に関する知識を問う出題がな
くなり，リーディングとリスニングが分離して問われる形式になったという
ことは，学習者の学習観にも大きく影響するものと考えられます。これまで
のセンター試験の出題は，発音問題やアクセント問題を問うことで音声的な
知識の学習や，実際に単語を発音する活動を学習者に促してきたものです[7]。
外国語習得論においても，学習者が自分の中に L2 言語の音声体系をもつこ
とがリスニング力上達の条件になるという指摘があるように[8]，音声的な知
識をもち内在化しているということは，スピーキングに加え，リスニングに
も資する力を育てるものです。プレテストと 2021 年の共通テストに共通す
るこの問題形式が，正しい音声知識を身につける契機を学習者から奪わない
か，懸念されます。

③ TOEIC®[9]，TOEFL iBT®[10]，英検®[11]，GTEC®[12]

　現在，日本で受験することが可能な民間試験は数多くあります。「大学入
試英語成績システム」に導入予定だった試験だけでも 7 種公表されています。
以下では，それらの民間試験のうち，TOEIC®，TOEFL iBT®，英検®，GTEC®
の 4 種の試験を検討します。「大学入試英語成績システム」は一旦中止とな
りましたが，TOEIC®・TOEFL iBT®・英検® は，2021 年度大学入試において
民間試験を利用する大学の多くが導入しています。GTEC® は，これら 3 つ
のテストと比べると導入率はやや低めですが，学校単位で申し込みがされ，
学校現場では多く用いられている現状があるため，検討範囲に含めます
（GTEC® Advanced レベル，英検® 2 級を検討対象にします）。

　検討を始める前に，簡単に各テストの概要を紹介します。TOEIC® は 1970

年代，世界の中での日本の経済的な立ち位置への不安から，より多くの日本人が英語によるコミュニケーション能力を磨く必要があるという危機感から開発されたものです。そのために，想定している英語は「職業目的のための英語」(English for Occupational Purpose) であり，さらに大学生や社会人が多く受験する試験です[13]。TOEFL iBT® は TOEIC® と同様に ETS (Educational Testing Service) が作成している試験ですが，英語を用いる学術的な組織に出願するような第二外国語話者の英語力を測るために作成されたものです。つまり，「学術研究のための英語」(English for Academic Purpose) を測るための試験であり，かつ「大学入試英語成績システム」で想定されていたような，高校生の受験が大部分を占めるものではありませんでした。

　このように，TOEFL iBT® と TOEIC® は，元は日本の中学生・高校生が受験することを想定して作成されたものではないのに対して，英検® や GTEC® は日本で，日本の中高生を対象として作成された試験といえます。英検® は1961年に「社会教育拡充方策の一環として，青少年および成人の学習目標を与え意欲を高める」ことを謳い開始され，その際には特定の学年段階は想定されていませんでしたが，後に中学校・高校の受験者も想定されていきました[14]。GTEC® はその点，開発された1999年当初から「学校教育に合った，次の指導，学習に繋げるための評価としてのテスト」だとされています[15]。このように，大まかに４つの試験の概要を検討しただけでも，作成時に想定されていた受験者層や英語使用の場面に違いがあったことがわかります。

　民間試験はそれぞれ，英語の学力を多角的に評価するような設計になっています。各テストの目的や対象に違いがあるため，以下に述べる特徴は全てのテストに共通するものとは言えませんが，概要として論じます。

　まず，全国学テや共通テストと比較して民間試験に特徴的と言えるのは，言語材料の知識を直接的に問う問題が相対的に多いということです。リーディングの問題として英検® と TOEIC®，GTEC® に共通して，一文の中に一つ空欄があり，その中に入る単語を選ぶという，語彙力を測るための空欄補充問題が多く見られます（例：Yukio will go on a trip around Hokkaido next summer. He has a small （　　）, so he will travel by bicycle and stay in cheap hotel. に対して選択肢1.budget, 2.scar, 3.flame, 4.label というもの[16]）。

　言語材料の知識を問う出題は, 単一で出題されるのではなく, 長文読解の中でも見られます。TOEFL iBT® のリーディングテストの例を見てみましょう。ハイライトが引かれた特定の文の解釈を求める出題です。「As a result of crustal adjustments and faulting, the Strait of Gibraltar, where the Mediterranean now connects to the Atlantic, opened, and water cascaded spectacularly back into the Mediterranean.」という文にハイライトが引かれ, その文意を選択肢から選ぶというものです[17]。この一文は, 地中海に水が戻るに至った過程を説明するものですが, 関係副詞を正しく解釈し, 2 つの文の主述関係を正しく理解することが必要になります。すべての選択肢にキーワードとなる「The Strait of Gibraltar」「Mediterranean」「Atlantic」「crustal adjustment」などのフレーズが含まれており, 選択肢の文構造も正確に理解しないと正答にたどり着けない出題となっています。同じように言語材料の知識が必要になるとはいえ, 先述したような穴埋めの問題に比して解答者が文や問題の選択肢を解釈し答えを選ぶ必要がある点で, より難易度が高いということができます。

　民間試験においては, このように言語材料の知識を問うのみならず, 技能統合型（「聞いて理解して書く」のように複数の技能を統合的に用いるもの）の出題や, 言語が用いられる場や相手を想定した上での各技能の活用など, 発展的な内容を問う多様な種類の出題が見られます。

　技能統合型の出題としてまず挙げられるのは, GTEC® や英検® に含まれている, 音読の出題です。GTEC® では「あなたは留学先の高校の校内放送の担当になり, 地元で行われるイベントを告知することになりました。聞いている人に伝わるように, 下の英文を読み上げてください」という問題が出されています[18]。音読の問題は, 準備時間として設けられた30秒で, 文章全体を黙読し内容を把握した上で, 読み上げる試験になっていることから, リーディングとスピーキングの両技能を含んだ試験といえます。この問題にお

いて，採点は発音と流暢さについて行われ，各単語の発音やイントネーション，単語同士の連結が正しく発音できているか，という発音の観点に加えて，文中でどこに「間」を空けるか，解答者が文章構造を正しく把握しているかを測るものとして用いられています。一方，30秒という制限時間からもわかるように，読むことはあくまで文の区切りを把握する分析的な側面からのみ求められており，内容を深く理解する読みとは別の性質のものといえます。

　同様に技能統合を求める出題として，TOEFL iBT® のものがあります。ここでは，リーディングとリスニングを経た上で，スピーキングを求める出題を検討します。まず，最初に以下の文章（資料２−15）が提示され，「行動変容」（Behavior Modification）の定義を読解し理解することが求められます。

　その上で，同じテーマに関するリスニングを求められます。リスニングでは，「行動変容」の定義を踏まえ，具体例が提示されます（資料２−16）。

　これらのリーディング，リスニング両方から情報を得た上で「Using the example from the lecture, explain what behavior modification is and how it works.」というスピーキングの出題がされます。このような問題は，高評価の応答の例（資料２−17）からもわかるように，リスニングとリーディング

資料２−15　Behavior Modification のリーディング題材

Behavior Modification
Individuals often modify their behavior based on what they have learned about the possible consequences of their actions. **When an individual learns through experience that a certain behavior results in pleasant consequences, that behavior is likely to be repeated.** An unpleasant consequence, on the other hand, discourages further repetition of the behavior. While behavior modification can be observed in experiments, it also occurs frequently in everyday settings, when individuals change their behavior based on what they have learned about the consequences of that behavior.

（ETS TOEFL®「TOEFL iBT® Free Practice Test Transcript」[https://www.ets.org/s/toefl/pdf/free_practice_test.pdf]，p.60より）

資料2-16　Behavior Modification のリスニング内容

Narrator Now listen to part of a lecture on the topic in a psychology class.

Male Student This happens all the time with kids, in schools. Say there's a little boy or girl who's just starting school. Well, they're not really used to the rules about proper behavior for a classroom, so at the beginning, they might, I don't know, interrupt the teacher, walk around the classroom when they're supposed to be sitting down. You know, just misbehaving in general. OK, but what happens? Well, the teacher gets angry with them when they act this way. They might get punished- they have to sit at their desks when everyone else is allowed to go outside and play. And they certainly don't like that. Soon they'll learn that this kind of behavior gets them in trouble. They'll also learn that when they raise their hand to talk to the teacher and sit quietly and pay attention during class-they're rewarded. The teacher tells them she's proud of them, and maybe puts little happy-face stickers on their homework. Now that their behavior gets a good reaction from the teacher, the kids learn to always act this way in class... and not behave the way they used to.

(ETS TOEFL® 「TOEFL iBT® Free Practice Test Transcript」 [https://www.ets.org/s/toefl/pdf/free_practice_test.pdf], p.60より)

の双方の趣旨を正確に理解すること, それを踏まえてスピーキングで言い換える力を問う, 高いレベルでの技能統合を評価するものといえます。さらに, リーディングで解釈が求められる文（資料2-15の下線部）は, 複雑な文構造であり, 高度なリーディングの力が求められます。

　一方, コミュニケーションを行う際に相手を想定することを求める出題としては, TOEIC® のライティングの問題を挙げることができます。TOEIC® のサンプル問題には「Read the email below and write an e-mail that responds to the information. Respond as if you have recently passed to a new city. In your e-mail to the committee, make at least TWO requests for information」という問題が見られます[19]。この問題の採点基準には「文体や言葉遣いが返信先にふさわしいか」という観点があります（表2-6参照）。

資料2−17　高評価とされる例

> Transcript: Behavior modification is defined as uh people's, uh- chan-people's changing their behavior based on their experiences about the consequences of the behaviors. And according to reading too, the patt-um behavior modification can be observed both in experiments and in real life. The professor gives a example of-of observation of the modification in real life about kids. First when kids first moved in school, they do not know the rules, so they do things like, uh, walking around when they're not supposed to or talking, uh, when teacher's speaking. This behaviors will result in punishments like um, the teacher's uh, reproaching them about how inappropriate that is. And soon-soon—soon they learn to behave better, um, because uh if they learn to raise hands, um, and or keeps out in the class is more pleasant, teachers praise them, through this they learned, um, this behavior is better for them.

（ETS TOEFL® 「TOEFL iBT® Free Practice Test Transcript」[https://www.ets.org/s/toefl/pdf/free_practice_test.pdf]，p.61より)

表2−6　TOEIC® のライティング問題の評価基準

Eメール作成問題	
採点スケール	採点ポイント
4	すべての課題を的確にこなし，設問で要求された情報，指示，質問を複数の文を使って明確に伝えている。 ・筋の通った文章にするために一貫した論理構造で文章を構築する，または，適切な接続語を使用する，のうち，片方または両方がなされている。 ・文体や言葉遣いが返信先にふさわしい。 ・文法や語法の誤りが2，3あるが，言いたいことがわからなくなるほどではない。
2	いくつか不十分な点がある。 ・1つの課題にしか答えていないか，2つまたは3つの課題に対応しているものの，いずれの課題も不十分もしくは完結していない解答である。 ・考えがうまく関連付けられていない，もしくは関連が明確でない。 ・返信する相手のことをほとんど意識して書いていない。 ・文法や語法に誤りがあるため，言いたいことがわからなくなる文が2文以上ある。
0	設問に出てくる言葉をそのまま写している。テーマを無視している。あるいはテーマと関連していない解答である。英語以外の言語で書いている。意味のない記号を使用している。または，無解答。

（一財）国際ビジネスコミュニケーション協会 TOEIC® 公式サイト 「TOEIC® Speaking & Writing Tests　サンプルテスト　問題形式の説明　Eメール作成問題の採点基準表」より簡略化し，筆者作成 [https://www.iibc-global.org/library/common_migration/orjp/library/toeic_data/sw/sampletest/pdf/sw_handbook.pdf]，p.22)

まとめると，民間試験については，言語材料の知識，さらにその知識に基づいた技能に加えて，各技能を統合して用いる力が幅広く問われている点を特徴として挙げることができます。さらに，技能統合型の問題については，それぞれのテストが対象としている受験者の文脈に対応し，様々な形で出題されていることも見て取れました。

2 英語科の授業づくり

① 求められる学力

　これまで6つのテストの内実を検討してきました。これらのテストで測ろうとしている学力を総合的に検討することで，英語の学力の全体像を描いていきます。この中で，多様なテストで測られていた学力を総括すると同時に，テストでは見落とされてしまう部分も確認します。

　英語の学力観については様々な議論がありますが，ここでは第1章の**5**で示された知の構造の枠組みを借用しながら整理します。英語の学力について，「事実的知識」（内容知）の部分は教育英文法を研究する町田佳世子氏によると，文法に関する知識（「統語論」「意味論」「音韻論」などすべて含む，言語の形式的体系すべてに関する知識），テクスト形成に関する知識（つながりや情報構造，テーマづけに関する知識），語用論的知識（社会言語学的な概念や発話機能に関する知識）の3つの領域に分けることができます[20]。ただし，これらの3つの知識は実質的には相互作用的に結びついているとされています。共通テストにおいては問題形式が変わり，言語材料の知識，ここでいうところの文法に関する知識が直接的に問われなくなっています。ただ，長文読解の中で文法に関する知識やテクスト形成に関する知識が相変わらず必要とされるように，これらの知識は英語の学力を考えるに当たって基礎となる部分といえます。一方，「技能」（方法知）の部分には，知識を用いながら運用する4技能のうち，「基本的なイントネーションを身につけて話す」というような，基礎的なものが当たります。

続いて，これらの知識や技能の上位に位置する，様々な文脈に活かすことができる「複合的なプロセス」や「転移可能な概念」を検討します。英語科で「複合的なプロセス」に当たる部分としては，4技能を統合するような活動や，場面や相手に応じて技能を活用する活動を挙げることができます。このような部分は，上述してきた試験においても，GTEC® の例として示した音読の問題（リーディングとスピーキングの技能統合的側面をもつ）やTOEFL iBT® に見られた，リーディング・リスニング・スピーキング技能を統合した問題，相手意識をもちながらメールを書く TOEIC® の問題（場面に応じた，書く技能を測る）などとして見られました。ただ，これらの技能統合型の活動や，場面や相手に応じて技能を活用する活動は，これまで見てきたようなテストで実質的に評価することは難しいといえます。

　前掲した GTEC® の音読の問題については，表2－6の採点基準表からもわかるように，技能統合型の出題ですが，評価する側面はスピーキングの一技能のみとなっています。ここでのリーディングは文構造を把握することにとどまり，深く読み，発話方法を工夫するような性質のものとは異なります。TOEFL iBT® のようなテストは例外的といえるでしょうが，ほとんどのテストは高いレベルの技能統合の評価や，技能統合の適切な評価観点という点で不十分であったりします。

　相手がいるコミュニケーションを想定した出題としては，先述した TOEIC® の「適切性」を評価する問題を挙げましたが，実際にはテストという形式上，解答者が一方向的に何かを伝達する形式にとどまっています。「適切性」を踏まえて発信することは実際には，コミュニケーションの相手と相互作用的に関わることで，相手と場のコンテクストを共有していることが求められます。その点で，一定の情報量が提示されるのみの筆記テストには限界があるといえます。さらに言えば，「適切性」については「グローバル化する世界にあって，英語を話す全員が英語文化の中で育ってきたわけではない」ことからも，対峙している相手に，どのように配慮するかという内実については慎重に検討する必要性が提示されています(21)。このことから，「配慮」する

ことや，「適切に」伝達することなどを簡単に評価したり断定的に指導したりすることは，一定の危険性を伴うともいえます。

　相手のいるコミュニケーションという点においては，相互作用という点が本来重要な要素といえます。しかし，先述した通りテストという形式の中では基本的に一方向のコミュニケーションしか起こりえません。つまり，テストにおいては，「テレビや映画，機内放送のような聞き返しのできない聞き取り」が求められています。それに対して実生活の中で用いる聞き取りには，対話の中で，相手が言ったことを聞き取ることも含まれます。さらに，このような聞き取りのほうが「学習者が実際の生活で経験する可能性が高いリスニング」とも言えます[22]。テストという形式では時間や設備などの制限があり，相互作用的な側面を評価することには難しさがあります。このような中でテストの対策を行うことに傾倒することは，コミュニケーション能力の全体像を見えなくさせ，一方向的で固定化した言語観につながるのではないかと筆者は危惧しています。

　つまり，英語の「思考・判断・表現」を真に育成していくためには，テストの傾向に惑わされずに，言語の知識を正確に得た上で，各技能を総合的に活用するような技能統合型の活動や，相手とやりとりをしながら意思疎通を図る活動も行っていくことが求められるでしょう。逆に，これらの活動が授業内で豊かに行われたときには，テストで測られる学力にも対応できるようになっているといえます。具体的な指導の例を見ながら，検討していきましょう。

② 指導のポイント
①正しい言語知識をもとにしたパフォーマンス―音読指導を通して―

　先述したような，正しい言語知識をもとにした，技能統合を志向した取り組みとして，多角的な指導を行った上での音読を挙げることができます。音読という活動の中で，文章を単に声に出して読むだけではなく，正しい言語材料の知識や，対象となる文章の意味や意図の深い理解を要求すること，さ

らに音素の正しい理解，聞き手にわかりやすい発音も要求することで，音読は複合的な取り組みとなります。これは，先述の共通テストの変化によって生じる懸念に対しても，正しい音声的な知識を身につける取り組みを含めるという点から対応することができます。このような可能性を活かした有効な例の一つとして，京都府立園部高等学校（実践当時）の中谷志穂理先生が実践されたパフォーマンス課題を紹介します[23]。

　この実践は『New Horizon 3』の最後に掲載されている「The Fall of Freddie」を用いたものです。パフォーマンス課題としては「あなたたち二人は図書館でボランティアをしています。来館した子供たちに英語の絵本を読んであげることになりました。『The Fall of Freddie the Leaf』を，内容がよく伝わるように，声に出して読んであげてください」というものが出されました。この課題は，生徒たちを「書かれている表面上の意味だけではなく，文の主述をしっかりと押さえるとともに，指示代名詞や感情のこもった語句や表現などに注目して，文のつながりや文脈を意識することが重要である」という「永続的理解」へと導くものです。

　音読の活動は，先述したように正しく区切りながら，聞き取りやすいように話すことや，単語内の音素にまで注意を向けさせることができるものです。特に発音について，音素（音声的な知識）に焦点化した指導も含めることで，スピーキングにとどまらず，リスニングにもつながっていく技能横断的な指導になるといえます。

　文を一つずつ音読するというプロセスは，それぞれの文のつながりや，意図を問い直す見方を生徒たちに生み出します。この実践では「We're afraid of things we don't know. But you were not afraid when spring became summer, or when summer became fall. Changes are natural.」という本文に対して生徒からは「なんでこんなことを言ったんやろう？」と，文の意図を問うような疑問も生じています。登場人物の意図を考えるよう促すことは，文章の深い理解にもつながり，またその深い理解に伴った，適切な伝達方法を考えることにもつながっていくでしょう。さらに，それぞれの文の意図を正確に理解しよ

うとすることは，全国学テで課題とされていたような論理的なつながりという点にも注意を向けるものです。

　この実践においては，これが「二人で」行われる音読である，という点も注目すべきでしょう。お互いの音読を聞くことで「生徒は自分を相手に聴かせ，次は自分が相手を聴く立場に立つ」ようになり，このことから「知らず知らずのうちに影響を受けて相手のレベルに近づいていった」といいます。

　このように，ただ声に出して読むだけではなく，文の意味を正しく，深く理解し，誰かに届ける意識をもちながら音読することで，より深い学びにつながっていくといえます。

②相手との対話を通して育成する学力―コミュニケーション方略の活用―

　相互作用しながらコミュニケーションを行うに当たって，コミュニケーション方略を用いることが求められます。先述した通り，このような側面は時間や設備の面で制限のあるテストでは測りにくい部分ですが，実際に言語を用いる際には必要になるもので，授業内で育成していくことが望まれます。コミュニケーション方略とは，コミュニケーションの過程で挫折を「予防」するために用いる方略のことで，伝達内容を言い換えたり，回りくどく説明したり，文章構造を変えて伝えたり，さらにはフィラー（「um」「You know」など，とっさに言いたい単語が出てこない場合に，沈黙を避け考える時間を設けるために発する言葉）を用いたりすることが含まれます。さらに相づちをして相手の発話を促すことも，コミュニケーション方略に含まれます。

　授業内でコミュニケーション方略を用いたもので，高橋恵子先生が高校3年生に課したパフォーマンス課題として，次のようなものがあります。課題文は「『ごみはゴミ箱にいれましょう！』というキャンペーンポスターを見ながら，あなたは友達と会話を始めます。二人の会話は，腹立たしく思うことについてです。具体的な体験談をあげながら，日頃，不満に思っていることを話してください。自分が話すときは，これは聞いてほしい！というエピソードを『いつ』『だれが』『どうした』ということと，その結果『どういう

気持ち』になったのかをできるだけ詳しく話しましょう。相手の話を聞くときは，相づちを打つだけでなく，積極的に質問をして相手から話を引き出しましょう。休み時間の会話なので，4分間話し続けてください」[24]というものです。

　この課題では，生徒たちが自分の主張を明確に伝えると同時に，相手に積極的に質問したり相づちを打つことなどを通して相手の主張の要点を正しく捉え，合意できる提案を行うことが必要である，という「永続的理解」にたどりつくことが求められています。この課題ではただ単に自分の考えたことを一方的に伝えるのではなく，相手の言ったことを換言し，共通理解を図るところまで，4分間で行うことが求められます。その中で，「いつ」「どこで」「どうした」などの問いかけの例が挙げられていますが，本当の意味で理解を一致させるには，それ以外にも相手の言ったことを言い換えて伝えることや，「それってどういう意味？」と聞き直すことなどを経て，不明点を解明するために相手に問いかけることになります。このように，話し手の不満に思うことの具体的なエピソードを聞く中で，聞き手側は次第にその内容を要約しつつ理解するようになります。コミュニケーション方略を身につけていくことは，実生活で英語を用いる場面で，必ず活きてくる力であるといえるでしょう。

③自己評価を促す指導

　もう一つ重要になるのは，自己評価を適切に促すということです。欧州評議会では言語学習記録（Language Biography）という枠組みを提示し，自分の学習の進捗を記録することで自律的な学習者の育成を目指すとしています。自己評価は，単に学習者の自学を促すだけではなく，学習者個人が「生きた言語」を用いたコミュニケーションの体験について省察する機会にもなります。pp.163-164で述べたように，場面に応じた「適切性」を断定的に語ることが難しいことからも，学習者が自律的に省察することが重要になるでしょう。

③ 評価のポイント

これまで述べてきた指導のポイントを踏まえながら，最後に，そのような指導を行う際に求められる評価のあり方について記述していきます。

まず重要になるのは，評価規準を授業内の取り組み前にルーブリックなどで明確に提示し，生徒たちに，課題を遂行する中で何を目指していくべきなのかが伝わるようにすることです。先述した音読のパフォーマンス課題で示されていたルーブリック（表2－7）を検討してみましょう。

音読という統合的な取り組みを行うに当たり，このルーブリックのように観点を明示することで，生徒の取り組み方は変化します。発音については「like L/R, TH/S, or V/B」というように，特に注意すべき音素を示しておくこ

表2－7 「音読」パフォーマンス課題のルーブリック

	Delivery	Rhythm	Pronunciation
5	Reads with a loud voice and good emotion. Expresses the feeling of the story well.	Very good, natural rhythm. Pauses at the correct times, and reads the story smoothly.	Good pronunciation. Has little or no trouble with common mistakes, like L/R, TH/S, or V/B. Is very easy to understand.
3	Reads with so-so emotion. May have a quiet voice.	Okay rhythm. Sometimes pauses for a little too long, or at the wrong time.	Okay pronunciation. May have some trouble with L/R, TH/A, or V/B, but is still understandable.
1	Reads with no emotion, and is too quiet. May be difficult to hear.	Poor rhythm. Pauses for too long, too often, and at the wrong time. The story is not smooth at all.	Poor pronunciation. Struggles with L/R, TH/S, or V/B. Is difficult to understand.

（田中容子・中谷志穂理「パフォーマンス評価を通じて学習への意欲を育てる」田中耕治編著『パフォーマンス評価：思考力・判断力・表現力を育む授業づくり』ぎょうせい，2011年，p.173を参照し，筆者作成）

とで，生徒たちの学びは豊かになっていくといえます。

　ただ一方で，ルーブリックを用いる際に注意しなければならないのは，ルーブリックに当てはめて評価する，というように，判断がルーブリックに依存的になるべきではない，という点です。パフォーマンス評価を行う際には何より「人間の解釈・判断」がベースにある，という点に留意する必要があります(25)。このことを踏まえると，ルーブリックを作成することにとどまらず，教師間で生徒のパフォーマンスを共有し話し合うことで評価する力を高めていくことが求められます。ここでの音読のパフォーマンス課題であれば，音読している生徒の様子をビデオで録画しておき，ビデオを見ながら生徒たちのパフォーマンスをどう評価するかについて英語教師間で話し合うことが考えられます。このように話し合う取り組みを通して，ルーブリックに示されていなかった新たな視点が浮かび上がったり，それまでに見えていなかった評価すべきポイントが見えるようになったりし，教師の評価する力は伸びていきます。

【注】

（1）寺沢拓敬「『全員が英語を学ぶ』という自明性の起源──〈国民教育〉としての英語科の成立過程」『教育社会学研究』第91巻，2012年，p.23。

（2）亘理陽一「英語教育はパーフェクショニズムを超えられるか──変容学習論からの目的論再考」『日本教育学会大會研究発表要項』77巻，2018年，pp.251-252や，亘理陽一「対話実践的外国語教育に向けて」石井英真編著『流行に踊る日本の教育』東洋館出版社，2021年，pp.173-198で同様の懸念が指摘されている。

（3）ここでは，国立教育政策研究所「教育課程センター『全国学力・学習状況調査』」[https://www.nier.go.jp/kaihatsu/zenkokugakuryoku.html]，文部科学省「平成28年度『英語教育改善のための英語力調査事業（中学校）』報告書」[https://www.mext.go.jp/a_menu/kokusai/gaikokugo/1388654.htm] を参照し記述している。

（4）鳥飼玖美子・苅谷夏子・苅谷剛彦『ことばの教育を問い直す──国語・英語の現在と未来』筑摩書房，2019年，p.189。

（5）2021年の共通テストの試験において，段落の要旨を問う出題は見られなかったが，第4問の問2や第6問Bの問2のように，2つの文章や表で別々に記された内容を統合して思考することは引き続き求められた。

（6）独立行政法人大学入試センター「『大学入学共通テスト』における問題作成の方向性等と本年11月に実施する試行調査（プレテスト）の趣旨について」[https://www.dnc.ac.jp/news/20180618-01.html], pp.1-32。

（7）共通テストで発音・アクセント問題・語句整序問題が廃止される見通しについて, これまでに「大学入試のあり方に関する検討会議」でも,「それらを廃止する具体的な理由や経緯が不明確。これらの問題は, 話す力・書く力を間接的に測定しているだけではなく, 話す力・書く力を育てる上での土台となる基礎知識を評価するものではないか」という意見が出ている（文部科学省「これまでの意見の概要」[https://www.mext.go.jp/content/20200807-mxt_daigakuc02-000004110_1-1.pdf], p.22）。

（8）小栗裕子・河内千栄子「リスニングとスピーキングの今後の課題」冨田かおる・小栗裕子・河内千栄子編『リスニングとスピーキングの理論と実践──効果的な授業を目指して』大修館書店, 2012年, pp.225-234。

（9）TOEIC は ETS の登録商標です。この印刷物は ETS の検討を受けまたその承認を得たものではありません。

（10）TOEFL 及び TOEFL iBT はエデュケーショナル・テスティング・サービス（ETS）の登録商標です。この書籍は ETS の検討を受けまたはその承認を得たものではありません。

（11）英検® は, 公益財団法人 日本英語検定協会の登録商標です。このコンテンツは, 公益財団法人日本英語検定協会の承認や推奨, その他の検討を受けたものではありません。

（12）「GTEC」は株式会社ベネッセコーポレーションの登録商標です。

（13）ETS TOEIC® 'Data & Analysis 2019：2018年度受験者数と平均スコア' [https://www.iibc-global.org/library/default/iibc/press/2019/p118/pdf/2019DAA.pdf], p.6。

（14）日本英語検定協会「事業沿革」[https://www.eiken.or.jp/association/history/]。

（15）Benesse「History of GTEC」[https://www.benesse.co.jp/gtec/history/]。

（16）日本英語検定協会「英検2級2019年度3回目試験問題」[https://www.eiken.or.jp/eiken/exam/grade_2/solutions.html], p.4。

（17）ETS TOEFL® 'TOEFL iBT® Reading Practice Questions' [https://www.ets.org/s/toefl/pdf/reading_practice_sets.pdf] pp.15-18.

（18）ベネッセコーポレーション育成商品編集部『GTEC 公式ガイドブック Advanced スコア型英語4技能検定』ベネッセコーポレーション, 2018年, p.75。

（19）（一財）国際ビジネスコミュニケーション協会
TOEIC® 公式サイト「TOEIC® Speaking & Writing Tests サンプルテスト」 Writing Test Question 6の問題文より
[https://www.iibc-global.org/toeic/test/sw/about/format/sampletest/w_q6_01.html]

（20）町田佳世子「英語教育カリキュラムにおける文法教育の位置と内容──言語的コミュニケーション能力の形成を目指して」『カリキュラム研究』第9巻, 2000年, p.106。

（21）赤沢真世・福嶋祐貴「外国語活動・外国語科」西岡加名恵・石井英真編著『教科の「深い

学び」を実現するパフォーマンス評価』日本標準，2019年，p.139。

(22) 武井昭江「リスニングに影響を与える要因」冨田かおる・小栗裕子・河内千栄子編『リスニングとスピーキングの理論と実践——効果的な授業を目指して』大修館書店，2012年，p.107。

(23) 田中容子・中谷志穂理「パフォーマンス評価を通じて学習への意欲を育てる」田中耕治編著『パフォーマンス評価——思考力・判断力・表現力を育む授業づくり』ぎょうせい，2011年，pp.169-178。

(24) 高橋恵子先生の実践。「CDDB 単元 ID316　ペアディスカッション」京都大学大学院教育学研究科 E. FORUM「E. FORUM Online（EFO）」（会員限定サイト ; https://efo.educ.kyoto-u.ac.jp/login）より許可を得て引用。

(25) 石井英真『授業づくりの深め方——よい授業をデザインするための 5 つのツボ』ミネルヴァ書房，2020年，pp.255-256。

（小栁　亜季）

あとがき

　「まえがき」に記したように，本書は，パフォーマンス評価に関する二冊の著作とセットで三部作を成すものです。この三部作は，それぞれに京都大学大学院教育学研究科・教育方法学研究室のメンバーによる共同研究での検討と議論を経て作成してきました。

　また本書は，同研究室が作成した，田中耕治編著『新しい学力テストを読み解く──PISA/TIMSS/ 全国学力・学習状況調査／教育課程実施状況調査の分析とその課題』（日本標準，2008年）をアップデートする試みでもあります。当時，2004年の PISA ショック，2007年の全国学力・学習状況調査の開始を受けて，これからの時代に必要な学力の中身が，そして悉皆での学力テスト実施の是非が議論されていました。折しも，英米の競争主義的な学力テスト政策の問題なども日本に紹介され始めた時期で，学力テストに反対するかどうかという二項対立で立場が問われる状況もありました。

　これに対して，『新しい学力テストを読み解く』では，学力テストを無批判に受け入れるのでも，全否定するのでもなく，調査問題の分析を通して，さまざまな学力テストがそもそも何を測っているのかを検討しました。そして，学力構造を明らかにする視点から，テストスコアだけでは見えてこない，日本の子どもたちの各教科の学びの課題を明らかにすることを目指しました。その基本的なスタンスは本書にも受け継がれています。

　めざす学力像は評価において具体化されます。以前に高校の教員の方から，よいテスト問題が作成できて教師としては一人前という言葉を聞いてなるほどと思ったことがあります。その教科の本質的な目標や内容がつかめていないと，また，どう問いかけるとどんな思考が促されるかが想像できないと，よいテスト問題はつくれません。逆に，さまざまな学力調査を含め，考え抜

かれたテスト問題からは，教科の本質部分や思考を促す問いかけの妙を学ぶこともできるでしょう。

　テストに表れる学力像をつかみつつ，それをより多くの子どもたちに保障していくためには，テスト問題の形式を練習することを超えて，その学力像を真に実現する豊かな学びの文脈や協働的な活動が保障されねばなりません。単元の出口や学びの節目において，知識・技能を総合的に使いこなすパフォーマンス課題を設定することは有効です。その一方で，パフォーマンス課題という舞台で子どもたちの実力を試し高めていくためには，日々の授業でシンプルな問いを投げかけたり課題を掘り下げたりしながら，内容が深くわかる授業を展開し，知識の基盤を形成し，じわじわと考える力を育てていくことも重要です。

　パフォーマンス課題に取り組むための足場かけとして，覚えていることを再生する一問一答のクローズドな問いと，答えや解き方に幅のあるオープンな問いとの間にある，角度をつけながら思考を触発するような発問，およびそれを軸にした日々の授業の充実が求められます。本書は，学力テストの調査問題を手掛かりとすることで，単元設計のみならず，発問や授業の組み立てなど，日々の授業の工夫についても示唆を与えることを意図しています。学力テストに翻弄されることなく，テストのための授業を超えて，テストの先に目指されている学力像を見据えた授業を創る一助となることを願っています。

　なお，本書で報告している研究については，日本学術振興会科学研究費補助金の基盤研究（B）（一般）「パフォーマンス評価を活かしたカリキュラム・マネジメントの改善方略の開発」（課題番号　18H00976，2018～2022年度，代表　西岡加名恵）の助成を受けました。また，本書の刊行にあたっては，明治図書の皆さま，とりわけ及川誠様に多大なるご尽力をいただきました。心より感謝申し上げます。

　2021年3月

石井英真

執筆者一覧

西岡加名恵　京都大学大学院教育学研究科教授

石井　英真　京都大学大学院教育学研究科准教授

祁　　白麗　京都大学大学院教育学研究科博士後期課程，
　　　　　　日本学術振興会特別研究員

中来田敦美　兵庫県社会福祉事業団

石田　智敬　京都大学大学院教育学研究科博士後期課程，
　　　　　　日本学術振興会特別研究員

森本　和寿　大阪教育大学総合教育系特任講師

若松　大輔　京都大学大学院教育学研究科博士後期課程，
　　　　　　日本学術振興会特別研究員

岡村　亮佑　京都大学大学院教育学研究科修士課程

鎌田　祥輝　京都大学大学院教育学研究科博士後期課程，
　　　　　　日本学術振興会特別研究員

小栁　亜季　京都大学大学院教育学研究科博士後期課程，
　　　　　　日本学術振興会特別研究員

【編著者紹介】

西岡　加名恵（にしおか　かなえ）

京都大学大学院教育学研究科教授。日本教育方法学会常任理事，日本カリキュラム学会理事，文部科学省「育成すべき資質・能力を踏まえた教育目標・内容と評価の在り方に関する検討会」委員など。主著に，『教科と総合学習のカリキュラム設計』（単著，図書文化，2016年），『「資質・能力」を育てるパフォーマンス評価』（編著，明治図書，2016年），『新しい教育評価入門』（共編著，有斐閣，2015年）などがある。

石井　英真（いしい　てるまさ）

京都大学大学院教育学研究科准教授。日本教育方法学会理事，日本カリキュラム学会理事，文部科学省「児童生徒の学習評価に関するワーキンググループ」委員など。主著に『授業づくりの深め方』（単著，ミネルヴァ書房，2020年），『未来の学校―ポスト・コロナの公教育のリデザイン』（単著，日本標準，2020年），『Q&Aでよくわかる！「見方・考え方」を育てるパフォーマンス評価』（共編著，明治図書，2018年）などがある。

学力テスト改革を読み解く！
「確かな学力」を保障するパフォーマンス評価

2021年4月初版第1刷刊	©編著者	西　岡　加　名　恵
		石　井　英　真
発行者		藤　原　光　政
発行所		明治図書出版株式会社

http://www.meijitosho.co.jp
（企画）及川誠（校正）及川誠・井草正孝
〒114-0023　東京都北区滝野川7-46-1
振替00160-5-151318　電話03（5907）6703
ご注文窓口　電話03（5907）6668

＊検印省略　　　　組版所　株式会社アイデスク

Printed in Japan　　　　　ISBN978-4-18-295718-5
もれなくクーポンがもらえる！読者アンケートはこちらから